教育管理艺术
与创新思维发展

贾志平 ◎ 著

线装書局

图书在版编目（CIP）数据

教育管理艺术与创新思维发展 / 贾志平著. -- 北京：
线装书局，2023.8
ISBN 978-7-5120-5623-7

Ⅰ．①教… Ⅱ．①贾… Ⅲ．①教育管理 Ⅳ.
①G526

中国国家版本馆 CIP 数据核字 (2023) 第 148782 号

教育管理艺术与创新思维发展

JIAOYU GUANLI YISHU YU CHUANGXIN SIWEI FAZHAN

| 作　　者：贾志平 |
| 责任编辑：曹胜利 |
| 出版发行：线装書局 |
| 地　　址：北京市丰台区方庄日月天地大厦 B 座 17 层（100078）|
| 电　　话：010-58077126（发行部）010-58076938（总编室）|
| 网　　址：www.zgxzsj.com |
| 经　　销：新华书店 |
| 印　　制：河北创联印刷有限公司 |
| 开　　本：710mm×1000mm　1/16 |
| 印　　张：13 |
| 字　　数：272 千字 |
| 版　　次：2023 年 8 月第 1 版第 1 次印刷 |
| 定　　价：88.00 元 |

线装书局官方微信

前　言

　　高校作为人才培养的摇篮，承担着人才培养、科学研究和知识创新等重要工作，而高校的教育管理工作又是联系高校教学过程中教师的教与学生的学的各个环节的枢纽和桥梁，在高校教育活动中具有举足轻重的地位。虽然越来越多的高校已经认识到教育管理的重要性，但是由于种种原因，目前高校教育管理还存在一些问题，要想进一步提升教学质量，提高学校知名度，高校教育管理工作必须进行反思与创新。

　　随着我国社会主义化建设进程的不断加快，各行各业都迅速发展，且取得了显著的成效。在这样的背景之下，高校教育相关的教学制度也跟随着时代的发展开始了改革之路，在以往传统的教学模式基础上，加强了对学生素质教育的培养，对于全面型的人才提供了多样化的土壤。在高等教育的实际教学过程中，高教管理是可以实现提高高校的教学效率和管理质量的关键因素以及重要组成部分。在漫长的教学实践过程中，高教的管理工作也需要及时跟进时代的发展，进行研发创新，对传统的管理理念进行不断的完善，来推动高教管理的科学有序进行。

　　本书探讨了高校教育管理艺术及其思维创新。首先介绍了高校教育教学管理的理论研究；然后对高校教学管理创新、高校学生管理的理论以及高校大学生管理工作的创新进行分析和探究；之后研究了高校考试管理的理论及创新；最后在高校图书馆管理的理论及创新方面作了重要阐述。

　　本书在撰写的过程中参考了一些专家的学术成果，在此对相关作者表示感谢。由于本人水平有限，时间仓促，书中不足之处在所难免，望各位读者、专家不吝赐教。

目录

第一章 高校教育教学管理的理论研究

第一节 高校教育教学管理现状

高校作为人才培养的基地，有承担社会人才输出的重任，尤其是随着近些年教育体制改革的不断深入以及学校生源数量的不断增加，高校教育教学管理工作就显得越发重要。对此在本文中笔者将从当下高校教育教学管理现状分析出发，提出以下解决策略，希望能够更好地推动我国高校发展。

在高校办学发展的过程中，高校教育教学管理是办学水平的根本保障，同时也是高素质人才输出的基础。因此高校教育教学管理工作规范化就显得越发重要。但是从现阶段的高校教育教学管理现状分析，还存在着很多问题，影响了高校的长远发展。因此对于高校而言，未来的工作重点就是加强教育教学管理，从而切实地提升高校教育教学管理水平。下面针对高校教育教学管理现状进行详细分析。

一、高校教育教学管理现状

在教育改革机制不断深入的过程中，高校对于教育教学管理工作也越发重视。但是从现下的高校教育教学管理现状分析，还存在着很多差强人意的地方，这对高校办学发展造成了一定的影响。首先是教学计划管理存在限制性。在高校教育教学管理过程中，教学计划管理是人才培养目标的总体设计，同时也是院校活动的组织依据。但是在调查过程中笔者发现，现下很多高校在进行教学计划管理时，采用的是一种自上而下的管理方式，教学计划制定并没有征求院校教师的意见，教师缺乏话语权，存在着很大的强制性，这严重地影响了教学计划管理实行的科学性。而且有的高校教学管理人员观念陈旧，这样不利于教师和学生的发展。其次是院校师资结构不合理。在高校教育教学管理过程中，教师是知识文化的输出者，同时也是教育管理的实行者，因此高校必须要有完善的师资结构。但是现下的多数院校存在师资短缺现象，并且多数教师素质能力水平有待提升，这对高校教育教学管理水平提升造成了一定的阻碍。最后是教学质量监控存在局限性。完善的教学质量监控体系是衡量高校教育教学管理水平好坏的标志。但是从笔者的调查中发现，现下多数高校缺乏教学质量监控建设意识，没有相关的监控评价标准，这是导致高校教学质量下降的主要原因。

二、高校教育教学管理现状解决对策

第一，优化教学计划管理机制。教学计划管理是高校教育教学管理规范化的基础，对于高校而言，只有将教学计划管理不断优化，才能更好地进行高质人才输出，从而将院校人才培养蓝图规划更加具体化。现下高校教学计划管理存在的最大问题就是限制性太强，教学计划制定只掌握在管理者手中，这影响了教学计划管理的科学性。为了杜绝这种教学计划管理弊端，就必须优化教学计划管理机制。为此院校在制定教学计划时，应该征求教师、学生、院校行政管理人员以及课程专家学者等多方面的意见，这样才能保障学校制定的教学管理计划真正符合学生发展需要，使教学资源能够更加充分利用，更具科学性。其次当教学计划管理机制制定后，必须严格执行，但在执行的过程中，还应该根据市场行业发展变化，适当地做相应调整，这样才能保障教学计划管理机制的适应性。相信在教学计划管理机制不断优化过程中，高校教育教学管理也会朝着更高的水平发展。

第二，加强高校师资队伍建设。随着教育改革的不断深入，高校生源数量不断扩充，在这个过程中高校无论是教师人数，还是教师素质能力都无法满足院校的教育教学发展需求，院校师资结构不合理现象十分严重。而对于高校而言，师资结构应呈"梯队"状态，这样才能让高校教师专兼结合、优势互补，从而更好地提升人才利用度，是合理师资结构的一种体现，同时也是高校教育教学管理的基础，因此加强高校师资队伍建设至关重要。为此笔者认为，高校可以从以下两个方面做起。首先是结合现有的师资资源，全方位、多层次的建立教师培训体系，从教学和教研两个方面出发，立体化地对教师进行培训，这样才能使高校教师师资队伍素质朝着更高的方向发展。其次是加大高校教师招聘工作，从学历、教学能力、管理能力等多个方面入手，从而在院校内打造一支高素质的人才队伍，并且在这个过程中不断完善奖惩机制，在为教师创建更好的教育教学管理环境同时，规范教师教育教学管理工作行为，相信在高校师资队伍建设方面，一定可以为高校教育教学管理注入不尽的动力。

第三，完善教学质量监控体系。在高校教育教学管理工作中，教学质量监控体系是提升管理水平的保障，可以对高校教育教学管理工作进行更有效的监督，因此完善教学质量监控体系十分必要。为此笔者认为，院校可以从以下三个方面出发。首先是高校要认识教学质量监控体系完善的重要性，只有形成有效的监控机制，才能督促教学管理水平提升，为教学工作质量提供保障。因此在进行教育教学管理工作时，必须确保教学质量监控体系建设。其次是在完善教学质量监控体系的过程中，要构建相关的评价标准，要保障评价标准的公平性与客观性。最后是教学质量监控体系要与反馈机制与奖励机制相结合，从而实现高校教育教学管理工作的良性循环。

本文主要针对高校教育教学管理现状及对策进行了相关方面的分析和探讨。通过本文的研究，我们了解到，现下高校教育管理工作还存在着一定的问题，因此为了能够更好地推动高校教育教学发展，加大高校社会优质人才输出，高校就必须从现阶段的教育教学管理工作现状研究入手，从而有针对性地采取措施，进而推动高校长远发展，实现我国教育的优化改革，培养更多高质素人才。

第二节　高校教育教学管理观念

随着人们生活水平的不断提高，对于教育的关注度也会相应提高，高校教育也在这样的背景下必须进行调整，不断优化教学模式和实践，调整相应的教学管理观念，以迎合新时期大学生的成长需求，为社会提供真正意义上的高素质人才。本节主要研究高校教育教学管理观念的改革，提出相应的实践思路。

在教育改革过程中，作为学生进入社会前的核心教育阶段，高校教育受到了人们的广泛关注。但是当前的高校教育本身存在不少的问题，而且也面临着许许多多的挑战，尤其是社会方面的考验，给高校教育带来了较多的压力。为了合理应对新时期的挑战，实现更加完善合理的教育流程，高校应当对自身的教学方式进行调整，并对基础的教学管理观念加以改革，以持续完善基础的教育思想认知，逐步培育高素质的社会型人才。由于传统的高校教育忽视了学生其他方面的素质成长，尤其是社会实践方面的教育，导致学生的综合素质欠缺。因而，新时期的高校教育教学改革，应当以学生的综合素质培育作为主要方向，逐步优化基础的教学模式，注重采用全新的生本教育理念，提高学生的学习质量。

一、高校教育教学观念的改革与实践

在高校教育的改革过程中，第一要务在于调整自身的教育观念，不再过于关注学生的理论知识学习成绩，而应当迎合当前社会发展需求，跟随社会就业做出相应的教育改革。对于新时期的高校教育而言，目的在于培养高素质的人才，而在人才的创新培养过程中，应当遵循新课改提出的教育要求，随着学生的就业需要做出多方面的教学调整，以提高实际的教育质量。在教育观念的改革与实践中，高校可以着重从以下几方面开展。

第一，高校应当创新基础的人才培育理念。转变传统的理论知识教育，深入落实生本教育思想，更多地在课堂教学实践中，考虑学生的成长需求。只有将学生的成长放在第一位置，才有助于高校教育的进一步完善。对于高校阶段的学生而言，他们的成长方向不应该局限在课堂知识学习上，而应当延伸到各方面实践内容上，这将对学生以后的就业和成长产生最为直接的影响。为此，在生本教育理念的引导下，高校教育教学应当拓展基础的教学内容。一方面加强对学生的理论知识教育，提高学生的理论认知水平；另一方面应当培育学生的社会意识和实践能力，致力于通过不同教学手段提高学生的社会认知，帮助学生生成更加全面合理的就业思想。

第二，高校应当采取全新的教学模式。以往的高校教学多数时候采用了直接灌输式的讲学模式，整个课堂都是由教师讲解知识，而学生则在讲台下处于被动的听讲状态。这样的教学模式难以激发学生的学习活力，还会影响学生的学习质量。对于这一状况的改善，高校需要从教学方式的拓展出发，不断探索全新的课堂教学模式，尝试将课堂时间适度地鼓励学生展开积极的自主学习，逐步提升教学的综合有效性。

第三，理论教育与实践教育相融合。高校教育本身是学生进入社会的关键教育阶段，因而需要为学生以后的社会成长所服务，对基础的教育进行实践拓展，促使学生能够在提升理论认知的同时，逐步加强综合实践，提升学生的社会适应能力。理论与实践相融合，指的并不是在理论知识教育的基础上，更多地展开一些实践活动教育，而应当是理论知识教育的一种实践拓展，即学生需要在学习理论知识的同时，将这些理论知识科学的应用到生活实践当中，为学生的生活提供相关指导，进而提高学生的社会认知与实践能力，为学生以后的生活实践奠定扎实的基础。

二、高校教育教学管理的创新实践思路

对于当下的高校而言，教育教学管理的实践水平将与它的发展直接挂钩，如若没有完善的教育教学管理体系，必然会产生较多的不利影响，难以推动高校的健康发展。为此，在新时期的高校教育教学管理当中，应当对基础的教育教学管理方式进行创新，建立科学完善的教学管理体系，推动教学质量的稳步上升。

（一）树立系统整合思想，创新基础的教学管理方式

高校教育的本质在于培养高素质人才，因而在教育教学管理的创新过程中，需要将培养人才作为核心目标和实践方向。在教学管理的优化上，高校应当引导全体教育工作者树立"生本教育"理念，坚持将学生的成长放在第一位。在教学工作的开展中，不仅需要重视学生的成长，还需要关注教师在学校的地位，进而

从根本上解决教学问题，提高整体的教学活力，推动学校的改革进程，带动学校各项教学管理方式的创新。同时，教学管理是一个完整的系统，高校应当关注这一系统的实践性与有效性，充分结合当下的管理理念展开优化。教学管理的目的在于完善教师的教学工作，进而提高教学质量。因而，在教学管理体系的改革上，应当紧紧跟随学生的学习成长进行优化，将改革与创新作为主要的推动力，注重教学管理创新，形成全新的教学实践模式。一方面提升教师的工作积极性，形成更高质量的教育实践过程，另一方面能够带动学生的学习活力，促使教师与学生之间的交流合作更加密切，最终以提升教学质量。

（二）优化教学评价体系，创新教学奖励机制

对于高校教育教学管理而言，教学评价体系一直属于非常关键的内容，不仅能够影响到基础的教育质量，还会对实际的教学管理形成直接的作用。为了提高教学评价体系的科学性，高校教学评价体系应当朝着系统性、实践性和综合性的方向拓展，以建设最为健全的教学评价体系，实现对教职人员工作的全面评价。在评价的过程中，应当保证评价的标准完善科学，不能简单化，需要根据不同的教学内容制定相应的考核标准，并且应当将评价主体分为三种，分别是学校评价、教师自我评价以及学生评价。由于学生是教学活动的主要参与者，因而在评价体系中需要占据较高的比例，以确保最终评价的准确真实性。同时，在教学评价体系建设的过程中，为了进一步提高教职员工的教学活力，高校还应当建立相关的奖励机制。在奖励机制优化当中，需要考虑到教师的教学质量、课程实践、教学创新等，以迎合高校教育管理的持续改革趋势，注重对表现突出的教职人员提供较高的奖励，使得教职人员能够主动形成良好的工作态度与工作意识，稳步推动教学管理工作的科学开展。

（三）提高教职员工素质，创新教学实践方式

在高校教育教学管理创新的实践中，不同素质水平的教职员工，所发挥的教学管理作用也会有所区别。由于新时期的高校教育开展面临着许多全新的挑战，因而有必要提升教职员工的教学素养和管理素质，以创新教学实践方式为学生的

成长带来全新的教学体验。只有具备先进教学素质的教职员工，才能够适合新时代的教学需求，结合自身的专业学科特征，选择最为合适的教学方法和活动形式，提高实际教学成效。在优化教职员工素质的时候，不可以再将关注点完全集中在教职员工的知识教育上，而需要将重点放在教职员工的实践、创新能力上，以确保这些教职员工能够紧紧跟随时代的步伐，不断创新和完善基础的教育形式，持续提高教学活力，为学生综合素质成长奠定良好的基础。此外，高校还应当对教学实践方式进行统一的创新和完善，要求教师加强对学生课堂学习主体性的关注度，不再采用以往单纯的灌输式教育模式，积极尝试开展学生主动学习拓展活动，引导学生生成完善的学习认知。教师在学生自主学习的过程中，应当发挥自身的引导功能，帮助学生形成良好的学习思想和习惯，及时纠正学生学习方法上的不足，改善最终的教育成效。

新时代的背景下，社会对于人才的需求发生了很大的变化，许多企业在招收人才的时候，不再过于关注学生的基础学科知识，而是对他们的综合素质有着较高的关注度。在这样的状况下，高校应当迎合当前社会人才需求变化，积极优化基础的教育教学管理体系，努力形成全新的教学实践方式，逐步建立完善的教学管理机制，推动高校教育教学的健康发展。

第三节　高校教育教学管理信息化

为适应现代社会高等教育教学发展改革的需要，提升高校教育教学管理水平是很长一段时间内高校教育教学管理的重要改革方向和工作内容。高校必须积极制定合理的方案，探索有效的方法，促进教育教学管理信息化水平的提升，从而满足教学管理需求。本文就高校教育教学信息化管理的现状进行分析，然后结合实际探索了高校教育教学管理信息化水平提升的创新思路，为高校教育教学信息化管理提供参考。

在现代社会，高校如何适应时代的发展，如何提高自己的教育教学管理的信息化水平，是现阶段高校教学管理工作的重中之重。同时，高校必须对自己的教育教学管理水平进行精准定位，制定出有助于提升高校教育教学信息化管理水平的相应策略，从而推动高校教育教学管理信息化水平的提高。

一、高校教育教学信息化管理的现状

从当前普通高校的发展情况来看，在信息化管理方式的改革与发展过程中还存在发展不均衡、特色不明显等问题。现代社会是信息化的社会，计算机的普及、互联网的快速发展，意味着高校必须加强信息化管理。从目前我国高校的发展情况来看，信息化管理在我国高校还不是很成熟，正处于一个发展的过程中。在我国，高校的日常办公、学生的日常管理等方面，都有着各自的一套信息化管理系统和信息化的管理手段，但是由于它们是相互独立、互不联系的，各自都是一个独立的个体，正因如此，也给提升高校教育教学信息化管理水平增加了难度。因为各个独立系统表现出的多样性，操作起来相对也比较复杂，这也就导致各个系统不能及时有效地为全体高校师生提供服务。在我国，高校在推行信息化管理的过程中，措施也是比较落后，大部分高校没有专门的信息化的系统来支撑管理工作，这也就成了阻碍高校信息化管理水平提升的一个重要因素。

二、提升高校信息化管理水平的关键环节

随着高校教育教学信息化管理水平的不断提高，在当前高校信息化管理过程中应该如何综合运用各类信息技术来改进当前信息化管理工作的现状，从而达到提高管理效率的目的呢？

提高整体管理人员的综合素质，增强管理人员对于信息化手段的应用。高校管理人员可以说是整个高校管理系统的掌握者和操作者。系统是否能正常运行，教师是否能正常工作，学生是否能正常学习，信息是否能正常传递，这些都取决于高校管理人员的综合能力。但是，由于当前高校对管理人员的重视程度并不是很高，资金投入也有限。同时，相应的考核体系也缺乏信息化运用能力方面的内容，所以就导致管理人员的信息化意识比较薄弱。因此，这也就反映出，如果

想要提高高校教学的信息化管理水平，就必须重视对教育管理人员的培养，并且相应地提高教育管理人员的工作待遇，从而激发教育管理人员在工作过程中的积极性。

利用网络即时通信工具加强管理过程中的沟通。由于目前高校信息化管理方法的滞后性，会导致信息在不同人员之间传递的准确率降低。但是互联网信息技术的迅猛发展则为这种信息的传递提供了很多行之有效的方法途径。例如，利用即时通信工具 QQ 群、微信群等，或者可以通过建立各种网站或者论坛等，将信息在服务对象之间、师生间准确地传递。同时，管理人员也就可以利用这种方式在线上及时地解决各类问题，这种信息传递方式也在一定程度上增加了学生和教师之间的交流，实现了师生之间的信息共享。这样不仅能提高管理人员的工作效率，也能适应新时代下信息化发展的需求。

完善教学信息化管理机制。教育教学信息化管理系统的建立，不仅要考虑管理者的需要，也需要考虑信息传递的需要，在不废除原来的管理系统的基础上，增加信息化管理的功能，从而实现在统一系统下的综合管理。要使教学管理系统发挥其最大作用，必须在前期有针对性地对教育管理人员展开调研，并在使用过程中对系统进行实时监控，根据实际的情况进行完善，最大限度地发挥系统的实用性。在整个教学运行管理过程中，所需要的信息往往都是来源于不同的部门和不同的管理人员，这就需要运用现代数据库技术，实现数据的分级存放，提高数据的使用率。

加强高校信息化系统的硬件建设。与上述软件性能相对应的就是硬件建设。只有高校信息化系统的硬件设施完善了，才能最大限度地实现高校信息化管理制度的顺利推进，这也是充分发挥软件系统各项性能的保证。在一些高校中，由于硬件设施陈旧，导致了教师与学生无法正常地工作，这也就阻碍了高校教育教学管理信息化的发展。以教学管理系统为例，早期的人机交互排课、等级考试报名、成绩登录查询等较为低端的信息化管理模式对于服务器的要求并不是很高。因此，很多高校基于有限的经费会选择能够满足目前需要的服务器配置，然而随着学分制推行，网上选课、就业跟踪信息等模块的开发，对于服务器的配置要求大大提高，尤其是学生集中选课时，网络并发量骤升的问题直接指向服务器配置过低。因此，为了提高高校的教学管理信息化水平，实现教师与学生之间的信息共享，高校必须适当地增加系统硬件设施的资金投入，尽快更新落后的教学管理配套设施，提高高校的信息化管理水平，便于教师与学生之间的信息交流与资源共享。

三、新形势下高校信息化发展思路的探索

在当今社会的新形势下，高校学生的管理工作中出现了许多新的问题，信息不能有效地传递，任务不能有效地完成等都是管理工作中不可避免的问题。环境、对象、任务等都发生了很大的变化，高校如果不能很好地适应这种变化，只是一味地重复之前的老办法，遵循以前的旧思路，结果只会适得其反。因此，高校必须要认清当前的形势，在学生管理工作中除旧迎新，探索更多改革的道路。

在传统文化的影响下，高校的教育和管理制度较为封闭。但是随着东西方文化的交流，高校学生的世界观、人生观和价值观也发生了改变，对于各种教育信息的需求也大大提高。这就愈发需要有一种高效、快捷的管理与服务手段来适应现代信息化教学管理的要求。因此，只有不断提升教学管理信息化水平，才能满足学生多样化、个性化需求，提高教学管理的质量，从而加快教学改革的步伐。提高高校教学管理的信息化是高校教育快速发展的必然要求。近年来，高校招生人数虽然大幅度增加，尤其是学分制的推行普及对教学管理信息化的要求大大提升。但是管理人员基本稳定不变甚至人数缩减，且传统的办公模式都是人工操作居多，需要很长时间才能完成资料管理、课表安排、学籍管理等烦琐的工作。尤其是学分制管理模式下很多工作无法经人工完成，所以教学管理信息化改革势在必行。实现教育教学信息化管理还有助于实现教学管理的规范化。信息化管理不仅实现了信息资源的高速共享，还促进了各个部门的相互合作，这也在一定程度上实现了教学管理的规范化，实现教育教学信息化管理也有助于提高教学管理的质量。信息化让各个部门之间的相互联系增多，这样既能快速地传递信息、上传下达，又能提高教学管理的效率。信息化的管理还可以充分实现资源共享，充分

考虑外界因素，进行信息化的教学管理，有效且合理地配置教学资源，从而达到既定的教学目标。

随着知识经济时代的到来，高校教育教学管理信息化也应该做到与时俱进，完善信息化管理系统，制定合理的信息化管理机制，加强高校信息化系统的硬件建设，强化教师的培训力度和考核机制，这才能充分发挥教育教学管理信息化在高校的重要作用，从而满足现代社会发展的需求。

第四节 新媒体对高校教育教学管理的影响

在高校教育教学管理过程中，教师通过新媒体的使用来不断发展新媒体教学管理内容，通过新媒体的服务属性来提升高校教育的教学引导属性。现就新媒体对高校教育教学管理带来的冲击及对策进行简单的分析。

随着我国新课程教学改革的深入，新媒体的不断普及，越来越多的高校教育开始重视新课程教学改革的理念和发展思路。高校教育管理工作中对于新课程教学改革的研究也在不断深入。在这样的教学发展环境和背景下，新媒体的发展速度和实践检验成果就有了一定的成绩，新媒体的教学管理形式以及其教学模式固有的优点都在一定程度上利于其传播，这也就变相增强了高校教学管理发展的效率。

一、新媒体教学模式固有优势分析

新媒体的发展和应用对高校教育教学而言是一个全新的机遇。作为信息化时代下的产物，新媒体凭借开放性、即时性和互动性等特征迅速实现了普及，在极大地提升信息传播效率的同时也丰富了信息资源的内容，并提升了质量，使得各行各业的人都能从新媒体中获取对自己有价值的信息。在高校教育教学管理工作中，新媒体为其提供了海量的数据资料，同时也拓宽了教育教学管理的渠道，使之更加人性化和多样化。新媒体主要以平台的形式出现，这是一种由光、电、声音相互结合而产生的适合不同时间空间人们相互交流的虚拟场所，尤其适用于高校灵活多变的教育风格。新媒体通过创造出一种大学生乐于接受的教育氛围和情境，成功地在教师和学生之间架起了相互信任的桥梁，符合大学校园自由平等的理念，也便于教育管理者进行价值观输出和思想熏陶。正是因为以上种种原因，新媒体教学模式才得以在高校中落地生根，且目前已经发展到了新的阶段。

新媒体教学模式从我国目前的高效教学应用和发展来看，其固有特点和优势在于通过新媒体本身可以建立良好的公众平等交流平台。在这个平台上，学生与教师、教师与教师以及学生与学生之间都可以进行良好有效的交互式沟通，不仅可以表达自己对于不同事物和不同教学内容的理解，还能接受到不同的教学信息和别人的认知理解。在这个开放的半社交平台上，新媒体教学模式由于其固有的开放性也很难实现信息的批量处理，这也就在一定程度上放宽了平台信息的来源和检验能力，就我国目前的新媒体教学模式发展实践来看，其中不正常的伪教学信息和诱导性虚假信息也时常会出现，从这些情况中可以发现，这样的平台管理还是不够完善的。

在其优劣同处于一个条件下可以发现新媒体教学模式的其他优势，比如信息流通的速度要远远优于传统的教学模式，而且通过新媒体教学模式进行的信息传播往往可以实现新闻的时效性，从根本上提高了高效教学管理的基础价值。相较于传统的教学模式来说，新媒体教学模式的多元化内容是非常有价值的，越来越多的新媒体平台开始出现在高校校园中，这样不仅增强了学生的学习资源丰富程度，还能在一定情况下实现平台之间的优胜劣汰，让高校教学管理从根本上进行完善和改革。

二、新媒体对高校教育教学管理带来的冲击

在我国当前的新媒体平台中，比较突出的有微信、微博等，高校学生从自身的使用情况就可以看出这两个新媒体平台的普及程度。学生之间每天都会通过新媒体进行互动和信息交流，不断在平台中树立自己的形象，与他人沟通增加影响力。这些新媒体平台所蕴含的信息交流价值是巨大的。

在教学内容管理上，新媒体教学模式更是从根本上改变了传统教学模式的弊端，让教师在高校阶段的教学课堂中不再局限于传统的教学思路，在平台化的教学模式和教学发展中，教师有了更加多元化的教学手段和教学思路。从教师本身来说，新媒体教学模式不仅可以帮助自身完善教学素养，提升自己的教学水平，还能在最大程度上帮助教师实现与学校教学教育发展的关联性。教师在不断实践探索的过程中挖掘自身的教学为题，通过新媒体教学模式帮助整个科目教学建立良好的教学体系，而且新媒体教学模式的公开性质使得教师不会因为传播途径受到负面影响，对于教师自身的教学水平和教学规划也产生了一定的推动力。

新媒体教学模式本身具有的平台价值对于高校教学建设发展来说是具有非常大冲击的。除了上文所提及的部分优势和发展方向外，新媒体教学模式还在一定程度上为高校教学建设管理带来了负面影响，新媒体教学模式简单来说就是平台化教学的推广，在高校教师实践高校教育教学的过程中，平台的推广会伴随着一些教学之外的内容进入到学生视野中，这些信息对于学生的影响不能保证都是正面的，学生接触到的不利因素越多，对学生的影响就越大。比如近几年影响特别恶劣的校园贷款等。

在师生关系上，由于新媒体技术能够扩大学生与外部世界的广泛联系，学生可以利用网络等各种现代通信技术与其他学生、教师甚至学科专家交流。如此一来，师生之间关系日趋平等，传统教师所固有的权威感逐渐丧失，只要教师授课稍不注意就可能受到学生的抵制或抛弃。

作为高校教育管理的重要组成部分，对大学生的思想道德教育这一部分的工作内容主要体现在树立大学生的社会主义信念和价值观上。目前我国高等教育的思想道德教育的要求是让社会主义核心价值体系成为青年思想行动的根本价值取向和行为准则。但在新媒体时代，网络社会输出的不仅有各种信息，还有各种思想、观点和价值观念。显然，新媒体时代的一大特征是信息传播的极度自由化。由于其极度自由化的特点，如果社会管理者无法对其进行有效的监控，就会导致诸如宣传暴力、迷信、赌博和色情信息的大肆传播；更有甚者，极端宗教主义、分裂分子也可以肆无忌惮地大行其道。

在生活习惯上，新媒体改变了现实大学生活中的许多模式、程序与规则。以网络为代表的新媒体的虚拟性是一把双刃剑，既可以带给大家一个自由、平等的环境，但缺乏真实情景中的情感流露和人格感染，会对人际交往产生较大的影响。而且新媒体教学模式的开放性使得很多不良企业和不良商家发觉其中的商机，在煽动学生消费的同时还要利用学生周围的社交关系，引导学生产生变相的心理偏激。而且很多高校阶段的学生在学习过程中喜欢用新媒体来宣泄自身的不满情绪，这些言论如果得不到及时地把控和更正，就会对整个高校建设产生巨大的不利影响，带来严重的教育教学后果。

三、高校教育教学管理应对新媒体冲击的对策

（一）重新审视新媒体教学模式的应用现状

在新媒体教学模式的实践发展过程中，高校教育教学应该伴随着新媒体的渗透而不断前进，在日常的教学环境和教育建设中搭建更多有效的、多元化的教学新媒体，通过这些新媒体来增强学生对学校建设的关注程度，提高学生对学校教育建设安排的认知程度。高校在自己建设新媒体平台的过程中不仅可以提升学生的学习兴趣，还能从根本上改善上文所提及的新媒体利用中的弱点。

高校建设的新媒体教学平台从本质上来说，首先是具有新媒体教学平台的优点，传播速度快、信息包含广、平台公平公开性良好等。学生与教师在这样的新媒体平台中所能展现的自身价值就更加明显。学生可以在高校学习的过程中将自己对学习的理解和习惯的养成发布到新媒体中帮助其他同学；教师可以在新媒体平台中展现自己多元化的教学方案和教学内容来帮助学生和其他教师。这样不仅可以有效地实现教育管理工作的全面提升，还能让新媒体从根本上实现教育教学的利用基础价值。

就我国当前的新媒体教学建设来看，还有很多的不足之处需要广大教师和工作人员进行改善。首先需要提及的就是新媒体教学平台构建过程中平台的特性不足，微信微博等新媒体所能利用的价值是非常简单明显的，而教育教学在发展新

媒体技术的过程中所需要考虑的不仅仅是社交环节，更加需要关注的是教育教学内容的深入落实。这样就使得高校建设的新媒体平台不能很好地满足学生的兴趣需求。

教师在利用新媒体教学平台的过程中往往很难实现其他平台固有的特殊属性价值；学生在高校新媒体教学平台中的使用频率和使用黏性很低，而且其他新媒体平台的舆论引导和多元化信息对学生诱导能力是非常强的。就当前的高校新媒体建设来看，还需要不断在新媒体平台建设中树立良好的价值观，让学生可以正确解决不同的学习问题和生活问题。与此同时，教师应尊重学生的学习主体地位和个性发展，实现教育观念的转变。这是因为新媒体环境下的现代人才标准已经逐渐体现为对学生素质的综合性、全面性的推崇，并延伸为注重学生的创新精神、实践能力与协作能力，注重学生的心理素质和竞争品质。将以人为本的观念贯彻在高校教育管理的日常工作中就是在高校内进行人性化管理，最主要的是要让教育管理融入学生生活的每一个方面。这就要求学校的管理层要关心学生的内在需求，通过合适的引导与教育来提升这些需求，将这些需求引向一个更高的层次。

在新媒体环境下，高校也应对传统教育管理的内容有所扬弃。在新媒体盛行的今天，我国大学生的教育管理内容不应单单局限于传统意义上的教育内容，我们必须拓展教育管理内容的广度，赋予大学生教育管理更多、更丰富的内涵，将时代发展和大学生的全面发展诉求与大学生教育管理相结合，建立针对性和实效性强的开放创新的大学生教育管理内容体系。为此，我认为一定要从优化大学生教育管理的内容结构入手，全面提升当今教育管理内容的时代适应性，在提高教育管理者对新媒体时代和新媒体技术的认识的基础上，还要加强虚拟环境中的精神文明建设，引导大学生认识网络世界的本质。网络其实存在很多虚拟性和不真实性，培养他们在翱翔于多彩斑斓的网络世界时自觉控制好自己的言行，避免沉迷于虚拟的网络世界而无法自拔的情况发生。

保留和继承传统教育管理中有积极意义的东西，并把它发展到新的阶段也是我们开展变革的非常重要的任务。对此，我们应该把握住传统教育管理中的教师形象的实质，即便是在新媒体的环境下，教师仍然要坚持自己作为一名道德模范的职责，作为教育主体，是德育教育过程的组织者，应起主导作用。教师的一言一行直接影响学生，是学生模仿的对象。教师自身的表率，教师的思想行为、作风品德、工作态度等无时不在感染、熏陶和影响学生，这是一种生动、直观、极具说服力和感染力的教育手段。

事实上，高校阶段的教育教学建设不仅需要广大教师共同努力通过实践来实现，还需要学生在使用过程中不断地尝试和提供意见，让新媒体教学模式在高校教学管理中真正实现新媒体平台的价值，可以为学校的活动推广进行宣传，可以成为学校特殊事件的引导平台，可以有效地实现学校的公益活动，可以帮助学生实现综合素质的培养和学习习惯的养成，同时还可以有效增加新媒体教学平台的社会属性。

（二）制定具体措施以发挥新媒体的价值

首先，高校应积极转变教育观念，尊重学生的学习主体地位和个性发展需求。新媒体的发展使得当今社会的人才衡量标准发生变化，越来越倾向于从综合与全面的角度考察学生的素质，并逐渐延伸至对学生实践能力、协作能力、创新精神以及心理素质和竞争能力等的考察。在这样的背景下，高校教育教学管理必须整体上升到一个全新的层次，根据社会需求培养优质的人才，只有这样才能最大程度地利用好新媒体技术和平台。

其次，高校应及时完善教育教学管理评价体系，提高教育管理者的素养。新媒体对高校的冲击迫使高校要重建大学生教育管理评价体系，且要遵循"以人为本"的理念，将原来简单、粗糙的评价指标进行合理细化，从而对新媒体时代下大学生的教育教学管理工作起到规范作用。而想要构建满意的评价体系，就必须要求高校教育教学管理者相应地提高自身的新媒体素养。准确地说，高校教育管理者应从基本理论入手，在掌握基本理论的前提下不断学习新媒体技术以达到随心所欲的应用，这样才有可能在实际工作中发挥新媒体的价值。

再次，高校应努力拓展教育教学管理的新阵地。新媒体时代下高校教育教学管理平台必须与时俱进，换句话说就是要开辟出利于大学生成长的"第二课堂"。

对学生而言，开拓"第二课堂"有利于其形成独立的人格，促进其综合素质的提升。而"第二课堂"本身又便于提供丰富多彩的课外活动，这些活动的开展可以反过来帮助教育管理者及时掌握学生的思想行为动态。长此以往，教育管理双方可以在深层接触的过程中增加彼此的感受和认同，不论对大学生的成长还是教育管理者的工作都具有积极意义。

最后，高校必须对传统教育教学管理的内容有所扬弃。在高校全面实施新媒体教学模式的同时，在教育教学管理的内容上也应该进行合理取舍。传统意义上的教育教学管理内容不论深度、广度还是指向性都较为不足，亟须注入更丰富的内涵，建立更加具有针对性、时效性和开放创新的大学生教育教学管理内容体系。具体而言，高校可以从优化大学生教育教学管理内容结构入手，从整体上提升内容的时代适应性，进一步加强虚拟环境中的精神文明建设，引导大学生认识新媒体的利弊，避免其沉迷在网络世界中而丧失思考能力和现实沟通交流能力。此外，高校也应对传统教育教学管理中的有价值内容进行保留和继承，甚至可以考虑利用新媒体将其发展到新的阶段。当然这一过程离不开广大教师的努力，作为教育教学管理的主导者，教师们要坚守自身道德楷模的职责，将新媒体化作一把旗杆，撑起社会主义和时代精神的大旗，带领学生走向光明、美好、健康的未来。

我国的新媒体建设程度在世界也属于一流，就新媒体平台在高校教育教学的管理发展过程中如何实现其特殊的价值和意义，还在不断探究发展思考的过程中。这个过程需要广大教育工作者共同努力，在不断实践的过程中发现新媒体教学建设的特点，针对传统高校教学管理的弊端在新媒体教学模式中寻求解决方式，让新媒体教学模式真正成为新时代具有特殊教学价值的模式。

第五节　就业观视域下高校教育教学管理

就业是高校教育教学管理的生命线，是人才培养的重要任务所在。从就业观视域出发，对 6 所高校进行问卷调查，得出当前高校教育教学管理的现状并对满意度和存在问题进行分析，根据现状得出高校教育教学管理与就业之间的关联，并给出相应的建议和发展路径，以期为高校教育教学管理提供理论和实践的参考。

就业是高校人才培养的落脚点，也是衡量高校教育教学管理水平的关键性指标。市场对人才的需求呼唤高校教育理念的不断更新。如何调整高校教学教育管理发展，是新时代的必然要求。

一、就业观视域下的高校教育教学管理现状

高校教育教学管理的探索和发展，其服务的对象是学生，以学生为根本，培养高素质高水平的综合性人才是完成学生向社会的角色转变。明确高校教育教学管理的现状，就是要准确把脉，理顺条理，掌握关键，抓住症结，为进一步革新教育教学管理提供基础。

学生对专业前景不乐观。从整体上看，学生对目前所学的专业呈积极态度，能保持对所学专业的热爱，专业选择稳定性较强。在6所高校中300名毕业生的问卷调查，选择300个样本为调查对象，其中回收有效样本280份。从回收的样本数据显示，78.3%的学生喜欢所选专业，31%的学生表示如果可以重新选择一个专业会选择离开本专业。以上两组数据表明，对专业选择存在一定的盲目性，对待专业存在消极情绪，没有实现意识观念和实际行为双方面的专业性转换，这一现状会直接影响专业学习效果。在重新选择专业问题上来看，给出高校教育教学模式的新探索，规避高考因盲目而造成的风险，以学生为本的原则下，是否能进行二次选择。社会的用人标准与高校培养学生之间存在供求的差异性，就业形势的紧张使精英脱颖而出，而对大部分毕业生而言仍然困难重重，前途堪忧，尤其是在专业范围内就业的乐观程度不高，仅占42%，是大学生就业焦虑的一个重要因素。

教育教学管理存在滞后性。高校培养目标的设置关系到学生培养的方向，既是学生培养的依据，也是高校教育教学的出发点。从调查结果看，培养目标的设置明确，能被90%的学生所了解，这与培养目标的明确性与强化和再教育有直接关系。学生根据培养目标制定在学期间的学习目标，具有指挥棒的作用。在课

程设置方面，50.1%的学生表示设置内容所学与就业实际要求脱节，该问题值得引起高度重视；从教材的实用性角度看，42%的学生认为教材的知识更新速度慢，覆盖的知识程度与实际知识更新匹配存在信息不对称的情况，专业所学的价值则因专业而异；整体趋势上看，理工科的实用价值高出文史哲类的专业实用性，艺术类的专业实用性较高，但高质量高层次的社会需求量有限。针对该问题，既要调整对文史哲专业的有效性投入，又要加强艺术类专业的高素质培养。从教学方式上看，72.6%的学生认为当下高校的教学方式有所改进，能运用现代化教学手段进行授课。但仍存在问题，集中体现在有些教师上课照本宣科，内容不新，授课呆板，没有互动等。在考核方式上，学生认为科学考核的仅占33.3%，有2/3的学生对考核方式存有意见，集中表现在考核内容强调记忆性，缺乏灵活性，课堂考核和期末试卷考核所占比重不合理，不能有效衡量学生在科目内的真实水平。在教师印象方面来看，教师在教育教学中所扮演的角色起关键性作用，也直接关系学生的成长。从调查结果上显示，82%的学生对教师持有满意的态度。

教改实施上社会实践成为薄弱环节。针对教学改革的情况，调研结果比较集中地反映了存在的问题。从教学效果上来看，教学内容与实际需要存在脱节现象，知行合一的能力成为教学中的薄弱环节，直接影响学生的实际应用能力，是教改中关键、急迫的问题。要提升学生的社会竞争力，就要侧重提高实践能力的训练，增强操作水平，教学要有针对性，做好实习工作的安排，增加实习的课时，加强管理，落实实习的实际操作性。关于学制的调查数据显示，87%的满意率显示了弹性学制对学生的发展有积极作用。

二、就业观视域下高校教育教学管理的重要性

高校教育教学管理本身是决定就业的基础条件。高校就业问题已经成为社会性问题，这一问题的凸显，原因多元。高校扩招，学生数量的增加是就业难的表象。就业渠道成为就业难的另一障碍，体现在体制与政策上的不完善，地域的区分。这二者作为外因而存在。就业难的真正原因归属于高等教育本身，所彰显的问题是本质性的，高校所生产的产品——学生是否能满足社会的需求，在竞争中是否具备核心竞争力，是否有应变能力接受市场化和社会的需求，学校这个主体

需要具备完备的功能和前沿的理念。在高校教育教学管理中所涉及的目标、专业、内容、手段能适应瞬息万变的社会发展需要，能培养德智体美劳全面发展的个体人。只有从内因入手，从根本上解决问题，才能学有所得，才能学有所用，才能缓解需与求之间的矛盾。

高校教育教学管理灵敏性是就业的制约因素。高校教育教学是长期积累而形成，高校教育教学管理体制的局限性阻碍了市场化需求的适应能力和反映状态，自主权少，受到体制内的多重管理，致使灵活性差。在教育规律的基础上适应时代的要求不断更新交替所形成的相对稳定的系统。新时代的发展日新月异，社会对人才的需求是"招之即来，来之能战"的出校门能上岗，上岗就能创造出利益的毕业生。磨合期越短越有市场，越能促进就业。

高校教育教学管理是创新就业理念的依据。高考扩招计划的实施有一定的历史背景，在特定的历史下做出的适应性决策，符合当时对人才的要求。一方面，从数量上增加以追求国际上的高等教育入学率问题，学科体系和专业设置与市场需求的关联并不密切；另一方面，在高校与市场供求关系越来越正相关的情况下，毕业生的质量成为就业的关键因素，也是衡量高校质量的硬性条件。高校教育教学管理需要在坚持原有优势的基础之上，适时做出调整，革新知识体系和架构，调整学生的整体素质，这是检验高校治学水平的基本依据。社会的口碑，用人单位对毕业生的评价反过来也会增加高校的信誉，有利于招生的质量和数量，双赢的循环机制要求高校教育教学管理必须树立正确的观念，从核心竞争力入手，打造有战斗力的学生，实现高质量就业。

三、就业观视域下高校教育教学管理的改革路径

教学改革应与时俱进。教育教学改革的先导是教学理念，理念的现代化决定了教育改革落地的方向。以教育素质为核心，推动教育教学管理改革，就要明确教育实施的主体，针对"以学生为本"的核心理念进行策略调整，明确教师的定位，从调控和服务两个角度完成教师的角色转变。在教与学的实践过程中，增加师生之间的互动环节，减少一言以贯之的教学模式，提升教学的互动性，实现教

学相长，增加学生在教学中的自觉性和主动性，从知识的传授向人才素质培养，人格塑造的角度转化，提升学生的综合素养和健全人格。在专业设置上，要打造特色专业的建设和教育，通过教学体系的建设，落实研究性的层序教育法，使学生在捆绑中解放出来，在克隆下突变，打破传统的教育束缚，摒弃教育的陋习，实现教育的可持续发展。要革新教学方法，从问题入手，采用开放多元的教学方法，激发互动，提倡引导，启发探究，鼓励发散，课上课下串联，线上线下交流，提高教学质量。优化教学手段，强占现代化的阵地，引入多媒体和自媒体，利用大数据和云教育手段增加信息量，分析数据，把握规律，预测前景和趋势。评价体系也要与时俱进，唯分数已经成为过去式，现代化教育评价体系是涵盖多元的，既要有量化的指标，又要遵循科学的评价系统，教师与学生的互评成为评价体系不可或缺的必要元素，相互监督，相互评价，相互成长。

以制度建设健全机制。高校教育教学管理是一个系统，实现内外的相互作用，要整合子系统的功能，使系统内的各部分能充分发挥能量，是健全教育教学管理机制的重要途径。在制度上要常抓常落实，在稳步有效的发展基础上，发展教学管理制度，全员参与教学，全校参与管理。要在课业结束后，选课前对教师实行评课制度，实行月抽查；对学生进行每学期一次抽样调查。在教学管理过程中，明确落实各环节的作用。制定特色的办学目标，有计划，有总结。要主次分明，统筹各部分的力量，人尽其才。要协调力量配比，确保力量均衡。要客观评价教学质量和效果。在各个环节上有布置，有检查，有落实，有改进，缺一不可，环环相扣。环节之间构成互利的条件、基础、确保工作链条的衔接顺畅，管理效益的增值。集合反馈信息并认真总结，查缺补漏，与预期目标进行比对，调整实施策略和手段，确保教育教学管理的总体目标不偏离。

以实践教学促进教学管理。增加实践环节是专业学习与社会需求对接的关键。社会实践课要赋予一定的学分，将实践的质量纳入到高校学分范畴之内，作为考核的一个重要指标，使学校、学院及学生三个层面重视起来，提升自觉性。社会实践活动也有助于实践能力的培养，利用寒暑假的时间开展实践活动，并纳入教学体系中。要确保活动的质量，给予活动支持，以活动计划为蓝本，配备相应的指导教师，在实践活动结束后进行总结。增加实习的时间，保证 6 个月的实习期。学校最好提供相应实习单位，与相关专业共建校企联盟，创建实习基地，分集中实习和灵活实习两部分。一方面，确保实习的专业性，将所学进行实践检验；另一方面，也为实习基地输送专业人才，提升实习的实效性。弹性学制的实施，能为实践提供保障，要鼓励在学习中提出要去参加实践或工作，工作回来继续读书的情况，这种学习更能明确学习的意义，放宽实习和保留学籍的门槛，推迟毕业年限，消除或减少因社会实践带来的学业压力。这是高校教育教学管理改革的重要方向，也是教育现代化，教育多元化的重要举措之一。

高校致力于教育教学改革是新时代的趋势，也是"以人为本"理念的实践。在改革中大胆创新，结合实际，结合市场，探索新模式，构建新体系，打造学生的核心竞争力已经成为时代的召唤。这项工作不是禁锢，不是一成不变，将随着社会的变化而不断发展变革，与时俱进。

第六节　高校教育教学管理创新要以人为本

教学管理在高校教育综合管理中占据重要地位，传统的高校教育教学管理责任主体主要是行政教育人员，教职工主体地位不明显。随着教学制度的深入改革，这种缺乏责任主体意识的制度已经不能够满足时代发展的需要，因此在高校教学管理中应该改革创新，以人为本，进行科学改革。

高等院校最重要的职责是培育人才，因此其教学功能是高等院校最主要的中心工作。在高校教育管理工作中，教学管理是非常重要的一环。近几年来，由于高等院校的扩招，我国在高等院校管理体制以及运行模式方面存在的问题逐渐显现，传统的高校教育教学管理模式未能完全摆脱计划经济时代形成的行政指令教学管理形式。面对新形势的教学管理要求，要想提高高等教育教学质量，为国家建设培养高质量的专门人才，就必须要建立符合现代教学管理体系的科学化教育机制。在教育教学管理中，应该以人为本，让广大教职工成为教育的主体，充分发挥其主人翁意识。在目前形势下探讨高校教育教学管理创新具有十分重要的意义。

一、目前教学管理中存在的弊端

计划过于统一，缺乏灵活性。目前我国高等院校实行的教学计划以及课程设置高度统一，教学大纲、教材以及教学方法难以创新，这就使得课程结构缺乏灵活性，学生选择的空间较为狭窄，教学的内容很难跟上时代发展的潮流，对于高等院校，培育新时代高素质创新人才存在较大的差距。

计划执行过于强调强制性。高校教育教学管理多数属于行政型管理模式，更加强调权威以及服从，特别是学校管理者与广大教职工以及师生之间缺乏必要的交流，对于计划执行的对象难以进行有针对性的分析，生搬硬套任务实施控制的较多，主动分析进行针对性服务的较少。

计划过于封闭。高校教育教学管理整个教学计划以及教学改革措施民主参与度不高，同时缺乏必要的宣传以及咨询反馈评价机制，整个教育教学管理过于封闭。

计划评价过于形式化。行政型的高校教育教学管理模式基本是以决策者作为中心，管理者基本是信息收集的工具，并不具有改进决策的重要作用。所参考的评价指标不够科学，在工作中使用较多的定性方法，定量分析方法使用较少，因此整个评价过于流于形式。部分学生将对课堂的综合评价仅仅限于对教师的评价，因此难以对课堂设置以及教学内容的安排进行有针对性的反应。

二、构建以人为本的高效教育，教学管理模式

教育教学管理思想要以人为本。以人为本的思想更加强调人的主体地位，特别是要发挥人的能动作用。增强对人的理解和尊重，为人才创造更大的价值提供有利的条件。在现代管理中，需要秉承以人为本的理念，这种理念能够产生巨大的凝聚力，形成一种奋发向上的动力和精神。在高等教育教学管理中秉持以人为本的思想，就是以人的发展作为根本，高等院校在实行以人为本的教学管理中，需要梳理学校为人以及学校树人的理念。在学校中，要树立广大师生作为教育教学主体的地位，整个教学宗旨以及办学理念要以师生的发展作为前提，需要保障

老师和学生的根本利益，将培养人才作为学校工作的出发点和落脚点，高度重视师生综合素质的提高，促进主体的地位提升以及师生的全面可持续发展。

高等院校教学管理体系设置需要以人为本。高等院校教学管理是高等院校工作中的重要组成部分，它是实现教学目标的重要方法。需要根据统一的原则合理地对教学活动进行引导和控制。教学管理方法的实质就是引导出一种较为良好的教学环境，使得在教学过程中能够较高效率的达到预先设定的教学目标。高等学校教育教学管理的水平将直接影响到整个高等院校在教育教学中的秩序，同时与高等院校教学质量密切相关。因此高等院校必须与时俱进，深刻把握高校教育教学管理这个指挥棒，同时秉持以人为本的发展观念，树立正确的人才培养体系，建立符合规律性的高等院校教学管理体系。

在课程设置上，需要尊重学生的心理以及情感规律。目前大学生一般处于18～22岁之间，正处于青年时期，这一时期，大学生心理发展同样不容忽视，正在逐渐走向成熟，但是仍旧欠缺火候；在另一方面，由于校园环境与社会环境的差异性，又是在校大学生的社会认知以及情感和意志品质等仍旧在发展中，因此在进行高等院校教学课程设置，更需要因材施教，有针对性地制定教学计划，并且遵循大学生自身的心理特点以及认知规律，逐渐以学生作为根本的课程结构体系，将学生作为发展的主体。

在教学方法上更加注重学生的主体地位，将学生作为学习的中心。美国学者比尔对于目前高等院校的教育方法进行了比较科学的总结，他认为适应目前学科体系的教学方法一般包括三个步骤。第一，必须要讲述一般背景，随着进行学科性的综合训练；第二，可以利用学科知识，在实践中解决大量存在的问题；第三，对于在各个学科均存在的交叉问题，可以相互联系起来。这三个步骤可以同样适用于理科教育、工科教育以及文科教育的，也适应专业教育和研究生教育。教育教学有方法但是却没有固定的方法，因此高等院校老师要充分地利用教育的规律，在教学过程中把握原则，充分借助高效率的方法，因地制宜因时制宜，并且结合自身和学生的优势，形成自身独特的教学风格。高等院校老师肩负着培养国家专业性人才的重任，同时，所培育的人才还要具有创新精神以及实践能力，因此高等学校教师要充分借助以人为本的发展理念，抓好教学三步骤，将目前以教师作为中心的教学体系转变为以学生作为中心的教学体系，要特别注意以下几点。

第一，高等院校教师要将原有的以知识点的传授重心转移，更加朝向能力素质的培养上。在课堂教育中要摒弃单纯灌输的教育模式，切忌不要照本宣科，在学科讲解知识演练的过程中，更加注重精讲精炼，让学生多思考，注意培养学生的逻辑思维以及质疑能力，在课堂教学中提高学生的思考能力。

第二，要充分借用各种形式充分调动学生的积极性，使得学生能够深度参与课堂教学，在课堂教育中要摒弃老师一言堂的传统模式。鼓励学生以一种比较自由和放松的氛围进行学习，学习环境要尽可能自由，不拘于形式，讲究以学生作为言传身教的中心。

第三，在课堂教学中要摒弃教师单向灌输的模式，注重师生之间的互动，教师在课堂教学中要允许学生提出质疑，鼓励学生提出反对性意见。在课堂上鼓励学生向自己提问。

第四，要将素质教育以及专业素质两者之间充分结合起来，高等学校教师可以借助于先进的教学方法，积极开展社会教学实践，为学生综合能力的培养创造良好的环境。

三、高等院校队伍建设要讲究以人为本

教育是百年大计，实现中华民族的伟大复兴振兴教育是关键，教育的核心又在于教师。因此从这个角度上来看，教师队伍是进行教学实践的主体，也是整个教育系统中最为关键的建设。目前教师队伍建设面临较大的困境，教育理念处于较多的变化，使得老师难以适应；部分教材内容变化较大，教师也难以适应。教师难度的增加更加说明社会对于教师素质的重视，更加需要加强教师队伍的整体建设。在教师队伍管理中，要最大程度发挥教师的积极性，建立健全管理机制，主要包括和教师的评估机制、竞争机制以及教学活动的激励机制等等；需要组织教师加强学习，增强自身的竞争意识以及责任意识，树立优异的教学理念，同时

爱护学生，热爱学校，爱岗敬业，做一名合格的社会主义教师；同时也要尊重人才，为塑造人才，加强文化建设。在校园文化中营造较为浓厚的学习氛围。教育教学管理部门也要对教师进行人性化的管理。服务措施要落实到位。

高等院校目前在教育教学管理中出现了许多新的问题，这些复杂问题，对于高等院校教学管理提出了更高的要求，同时教师和学生的教学管理工作也面临着巨大的考验，这对于教育教学管理工作者提出了更高的素质要求。在这一建设过程中，要实现以人为本的教学理念，建设一支政治素质过硬、综合素质较高、作风较为优良的教育教学管理队伍。

高等院校在教学教学管理中要追求可持续发展的理念，不断增强自身的核心竞争能力。优质的教育教学管理理念在其中占据着十分重要的地位，为培养高质量的人才提供制度保障，因此高校教育教学管理工作要加强思想创新，坚持以人为本的理念，真正做到以师生为中心。

第七节　高校教育教学改革研究项目过程化管理

高等院校教育教学改革研究的直接目的在于提高高校的教学质量。师生受益是教育教学改革建设的落脚点和可持续发展的保障。科学有效的管理制度是确保教学改革研究项目质量的重点，过程化管理对教学改革研究项目从立项到结题之后的项目成果推广具有正面积极的导向作用。本节针对高等院校教育教学改革项目存在的问题进行分析，从过程管理的三个方面进行规范化探索与分析，达到进一步推动高等院校教育教学改革研究水平逐渐增强的目的。

教育教学质量不仅是高等学校永恒的主旨与话题，也是高等教育的根本所在。开展教改项目的立项，旨在鼓励高校的专职教师或者管理人员，围绕目前教育教学所面临的重点、难点或热点问题，开展研究或改革实践；引导教师潜心教书育人，培育高水平的教学成果，不断提高教育教学质量。提高高等教育质量的关键在于真正落实教学改革，教学改革是高等教育各项改革的核心。

我国的教育教学改革可追溯到 1985 年。跨入 21 世纪以来，我国高等教育进入了一个空前发展的时期。2018 年 6 月 21 日，教育部召开了改革开放 40 年以来第一次全国高等学校本科教育工作会议。会议强调要坚持以本为本,必须把"培养人"作为学校的中心任务;高等教学内涵发展更深一些,要着力提升专业建设水平,推进课程内容更新,推动课堂革命,建好质量文化。《教育部关于深化本科教育教学改革全面提高人才培养质量的意见》(教高〔2019〕6号)和《教育部关于一流本科课程建设的实施意见》(教高〔2019〕8号)指出课程是人才培养的核心要素,课程质量直接决定人才培养质量。为贯彻落实习近平总书记关于教育的重要论述和全国教育大会精神,落实新时代全国高等学校本科教育工作会议要求,必须深化教育教学改革,必须把教学改革成果落实到课程建设上。省级教育行政部门研究制定省级一流本科课程建设实施方案,制定推动本地区一流本科课程建设与教学改革配套政策;中央部门所属高校统筹利用"中央高校教育教学改革专项"等各类资源支持一流本科课程建设。无论是省级的教育主管部门,还是各个高校都通过教育教学改革研究项目的立项来促进自己学校的教学改革发展,进一步落实"以本为本、四个回归"的要求,加强对本科教育教学改革的领导。

研究高校的教育教学改革,除了要研究改革的内容,还要研究改革的管理实施过程。教育教学改革研究项目从立项到研究成果的推广,都受到过程管理这一重要因素的制约。各个高校教育教学研究项目的过程化管理流程上大同小异,实际上它是一项综合性、应用性和政策性很强的工作,也和教学管理的其他各个环节相互联系。想要抓好整个教育教学改革项目的质量,就不能忽视教学研究项目的管理。教学研究项目管理是高校教育教学管理的重要组成部分,科学有效的管理制度是确保教学改革研究项目质量的根本。

各高校教育教学改革研究项目的过程化管理有相似之处,基本程序大致相似,但是在新时代新形势的要求下,仅仅完成这些常规性的管理是远远不够的。主要应从以下三个方面进行改进提升。

一、高等院校教育教学改革研究项目管理要逐步建立起信息化管理系统应用平台

以西安财经大学为例,教育教学改革研究项目从2004年开始立项,截至

2019 年立项项目共 660 项，每年平均立项约 41 个。单 2019 年一年的申报数量，就达到了 80 余项。随着科技的进步，教育信息化建设已然是丰富基础资源、提高技术水平、加强师资应用及其整合能力的基本途径。鉴于此，想进一步提高教育教学项目过程管理的时效性必须搭建相应的信息化管理系统平台。系统平台不仅减少了纯人工统计、核对的过程，也对不同年份、不同学院部门的项目申报数量和结题与否的状态实现全方位的管理。通过教学项目信息化管理，能及时更新教学项目的过程信息，大幅度的提高数据存储和提取的效率，形成了一个科学有效的管理工作体系和流程框架。

再者，现在高等院校的青年教师比例增加，已经成为高校教师队伍的主干力量。无论是做教学还是搞研究，线上系统的应用对青年教师而言驾车就熟，适应度更高，也对教育教学研究项目的信息化管理提出了新要求。

二、教育教学改革研究的立项项目成果需要进一步转化推广

为有效推动教育教学改革，西安财经大学很早就设立了教育教学改革研究项目申报工作。例如在 2010 年该校已经有教师申报关于翻转课堂的相关研究，也顺利完成了结项，但是直至近年结合开展翻转课堂、混合式教学，打造与本校课堂教学相融合的混合式"金课"才逐渐重视起来。从这个例子来看，我们可以发现部分优秀的且具有推广价值的教学研究项目缺少后期的转化推广，有潜在价值的教育教学改革研究项目尚未真正发挥实际的教学指导作用。

首先，要想把教学研究项目的成果最大化，使教学研究部分项目真正发挥教改立项项目为教学实践服务的作用，让教师有效教学，学生推进学习。教改管理过程中应该对深化高等教育教学改革、提高教育教学质量具有重要价值的项目成果采取积极措施，促进项目成果在教学和管理工作中的转化推广应用，并对成果内容和应用情况加以大力宣传，使教改项目发挥最大的效益。

再者，在项目的申报上着眼于学校整体的发展战略思想，形成以人为本的评价和激励机制。通过完善高校教育教学项目过程管理的制度性文件，提高教学业

绩奖励的额度以及在学校范围内的宣传，推动教育教学研究改革向更深的层次，更高的阶段去发展。对于立项的教师，可考虑减轻其教学任务，把立项项目的实践推广作为宏观调控的手段之一，使其可以有更充足的时间投入到项目成果的转化当中，这种机制充分考虑了学术激励和市场激励，进一步提高立项项目成果转化的积极性。

同时，高校要考虑加强知识产权管理和保护力度。当前国内各高校还没有专门的知识产权保护部门，也没有设立专业的教改成果转化机构，这就造成了高校教改成果管理的规范化和专业化水平不足。教育教学改革研究项目的内容有其特有的独创性、创新性、前瞻性，如果在过程化管理中能够进行有效的筛选，去除其重复性、陈旧性，可以在一定程度上保证项目成果转化的质量。

三、高校教育教学改革项目监督管理检查体系需要进一步完善

由于政策的激励作用以及其他积极因素，各个高校教师对教育教学改革研究项目的申报非常积极，一些教师在项目申报时间还未出正式通知之前就多次询问项目申报的相关事项，还有的教师提前几个月抽出时间为项目立项做申报准备。大部分教师在拿到立项项目后都认真耕耘，争取按时结题；然而也有的学校老师拿到项目后将其束之高阁。通过对某校历年来申报的项目的逐年清理，其中有部分项目由于各种个人原因不能结题只能予以撤销。从这里可以看出，部分教师重立项结果，轻建设过程。

面对这种情况，高校需要从两方面来改进：一方面是提高教学管理队伍的整体水平。教学管理人员的水平对项目过程管理的质量和成效有直接影响，教学管理人员要主动更新专业技能，熟悉学习新的上级政策文件，更新学校教改的管理规定，变被动管理为主动管理，为项目的立项和实施提供可供参考的最新的思路和方向，为项目产出成果创造提供更加灵活的条件，也为后期教改项目成果的推广和实施提供广阔的空间，真正发挥教学管理部门的引领作用。另一方面管理部门可以不定期地举办教育教学改革项目的校外专家座谈会或者校内教师之间的交

流会，促使教育教学改革项目需要申报的教师或者已经立项的教师一起探讨教育教学现在面临的问题以及亟待解决的问题都有哪些，立项项目取了哪些新的阶段性成果。通过监督与管理，吸收多位教师不同的创新理念和成果，促进全校教育教学改革项目质量的提高，管理部门也能更有效的进行监督与控制。

　　教学改革是高等学校教育教学工作的核心和重要环节，围绕教育教学质量开展教育教学改革项目管理过程优化，是将教育教学改革落在实处的重要举措之一，是促进教学水平上台阶的重要内容和途径。高质量的教学改革研究管理过程对于全面提高人才培养质量，促进教学工作者的教育教学水平提升具有积极重要的意义。

第二章　高校教学管理创新研究

第一节　高校教学管理创新存在的问题

教学管理的创新问题已经成为各高校的共识，大家对创新的必要性进行了大量论述，并就如何创新提出了一些建设性意见。然而在实际执行过程中，有许多问题阻碍着创新的进一步深入，使教学创新流于形式。解决问题的关键在于切实可行的对策，并一以贯之。

近年来，随着扩招和教育改革的不断深入，我国高等教育已经由精英教育转向大众教育，教学管理的内容和对象也日益复杂。为适应这一形势，广大教学管理人员主动适应现代社会发展需要，尤其是高等教育发展需要，与时俱进，对管理理念、管理资源、管理手段等主动调整、更新，管理创新的呼声日渐高涨。随着创新活动的逐步开展，暴露出许多设计和执行中的问题，如何解决并进一步推动创新是当务之急。

一、当前高校教学管理创新存在的问题

对教学管理创新的支持力度不足。教学管理的重要性和必要性已经得到许多校长的认可。随着人才培养水平评估工作的深入开展，教学管理的规范性逐步得到重视和提高，各类规章制度日趋完善，必要的管理岗位和管理人员也得以设立与充实。但也有不少学校把工作的重点放在了教学创新和专业建设方面，对教学管理的创新缺乏理念的支持和引导，缺乏必要的要求和足够的重视，对教学管理创新的探索零星而散乱，难以对教学工作起到系统的支撑作用。实际上，很多高

校对教师的教学创新和改革支持力度要远远大于教学管理人员，客观上造成了教学管理创新的滞后。

现实情况是，认识到教学管理中以人为本重要性的教师和管理者不少，但确立理念、上下贯彻的学校却很少。笔者认为，首先要由校长牵头，在领导层统一思想，再进行自上而下的人本理念的推广和渗透，在日常言行和工作过程中，领导层尤其要注意以身作则。其次，在实际工作中进行工作模式上的理念固化，使人本理念深入人心。例如，与奖励教学效果的奖教金一样，设立管理创新奖，重点奖励管理人员在工作中的创新之举，由教师和管理人员共同评选，对获奖人的做法进行全校宣传和经验介绍。同时，应加大对教学管理的关注力度，从科研要求、管理效果等方面加强考核，最少应接近对教师的考核力度，并从经费支持、政策倾向等方面向普通教师靠拢。再次，在教学服务、检查和监督过程中要注重民主化，尊重学术的权威。充分尊重教师和学生意见，实行民主决策，提高决策的科学性和管理效能。充分发挥学校学术委员会、教学督导部门、教学指导委员会专家的作用，依靠专家、学者，使行政管理职能和学术管理职能有机融合。

评估工作的一个重要内容就是规范教学秩序，规范管理流程和手段。目前，规范的理念已深入人心，各项规章制度逐步设立，校方也更为重视教学管理部门的教学保障功能。但这并不表明教学管理已走上规范的轨道。事实上，管理人员为了规范而整日忙碌于事务性工作，产生了大量部门和岗位之间的内耗性劳动，并不产生实际效益，对教学质量的提升也起不到有力的促进作用，造成人力资源的浪费。原先传统的工作方法和习惯仍具有较大惯性，尤其是在历史时间较长、老员工较多的院校中表现明显。因此，在这种强调规范却尚未完全完善的环境中强调创新，容易引起思想的混乱，混淆工作的主次，反而会在一定程度上阻碍创新思想的萌发。

高校教学管理本身日益复杂。主要表现在：一是学生数、教师数急剧增加，管理宽度扩大；二是专业设置快速多变，传统管理方式逐步向跨学科管理转变；三是很多高校在合并过程中出现跨校区管理，导致教学管理难度和复杂程度增加、教学资源分散、校园文化建设难以统一等诸多新的问题；四是不少高校，尤其是高职院校的办学形式日益多样，学历教育层次较多，一套人马管理多类学生，面临的管理难度不小。以上种种因素表明高校的教学管理创新已成必然。

二、对高校教学管理创新的几点思考

确立并落实以人为本的现代管理理念。现代管理理论认为，在管理的诸多因素中，人是最活跃、最能动的决定因素。以人为本的教学管理理念，就是把人的管理作为学校管理工作的重心，根据人的社会价值和人的心理活动规律，正确运用用人方略，创新教学管理模式和方法，使他们积极参与学校教育教学改革和发展建设中去。过去，人们把教学管理工作单纯地理解为对学生、教师的行为管理，教学管理者居高临下，凭经验和权力意识指挥教学，这种重在"管"的管理模式造成的是一种呆板、僵化、服从的管理氛围，在教学管理与重大教学改革中教师没有发言权，其创造性和积极性被人为压制。如今大家普遍意识到，教学管理不仅要"管"好，还要"理"好，要以人为本，营造一个科学、严谨、民主、开放的人才培养与成长环境，充分肯定人的主体地位和自主价值，实现管理和被管理者之间的和谐统一。

大家普遍认为，教学管理人员肩负管理的主要职责，创新的主要目的也是为了更好地服务教学，因此创新是具体执行人员的使命，与教学和学生管理工作无关。事实上，教学本身是一项综合性工作，学校所有工作都与教学紧密相关，缺乏各方支持配合的管理创新将成为无根之木，难以持久深入。当前为了规范而设立的各类部门和职位，有利于将具体工作做细做精，却也容易滋生部门主义和山头作风，制造许多工作壁垒，使得一些综合协调性的工作效率低下，得不偿失。

用弹性制度切中规范与创新的最佳结合点。长期以来，学校管理重视制度建设，这对教学管理的规范和教学秩序的稳定起到了非常重要的作用，但是过于"刚性"的管理制度也会制约教师的个性发展，制约管理人员创新行为的产生。因此，建立完善弹性教学管理制度，既能增强教师的自主性，激活其内在的动力和潜能，又能充分发挥教学管理人员的创新智慧。所谓"弹性教学管理制度"是指根据社会的最新变化和教学的需要，实施切合专业发展、课程教学的一系列具体的管理方法、措施和规范。这是世界高等教育教学和教学管理改革的一个趋势。

弹性教学管理制度的建立可以从弹性学制入手，进一步完善学分制。学校根据质量要求确定各专业的学分数，学生可在教师引导下按照自身水平和基础，自行安排学习进度，提前毕业或延长学制；采取自由选课制，在修完专业核心课和专业基础课之后，学生自主选择感兴趣的课程，甚至允许学生跨校选课，通过各高校之间的学分认同，在充分满足学生个性要求的同时对所开设的课程优胜劣汰；设立奖励学分，对学科竞赛、科学研究、科研发明、社会实践中表现优秀的学生，给予学分奖励，甚至可以在条件成熟的情况下设立学分银行，对学分进行统筹管理。通过学分制的不断完善，改变过去在培养目标上忽视个性特点的状况，以适应社会对高素质创新人才日益增长的需求，实现人才培养模式的创新。

改革教学管理中统一制式化的做法，倡导多样化和个性化。长期以来，高校普遍存在着教学计划一体化、教学过程同步化、教学方法单一化、教材使用一本化等问题。进入大众化教育阶段后，教师和学生本身更加注重个性发展，要求高校实行"多层次、多规格、因材施教"的人才战略。因此，在专业课程设置、教学方法、学习方式及评价方式和教学管理方式上都必须突出多样性，给教师和学生更多的自主性。在目前流行的院系两级管理体制下，系里的教学管理自主权普遍较小，存在教务处一家独大的局面，在统一管理和加强监督的理念下遏制了教学系的积极性和创造性，这种现象在规模较小的本科院校和高职院校中较为普遍。因此，笔者认为，要转变工作观念，各负其责，即学校职能部门专注于创造良好的条件，为教学系的教学提供便利，教学系专注于改革和创新，紧盯招生和就业两个市场，让市场来检验改革创新的成效。

将教师纳入到教学管理创新的主体中来。工作专门化、精细化曾经是管理史上里程碑式的创举，大大提高了效率，为人类物质生产做出了巨大贡献。引申到高校管理中来，就容易得出管理人员是教学管理创新的唯一主体的结论，目前这种论调还存在于不少人的观念中。实际上，即使在管理学领域也提出了更为符合形势发展需要的工作扩大化的做法。教学管理人员与教师之间的界限需要淡化而不是强化，两者结合可以极大地互补。因此，将教师纳入到教学管理创新中来刻不容缓。首先，教师应该为教学管理创新提供最为真实的数据和资料。教师既是教学管理的参与者，又是被服务者，对管理过程中存在的缺点和不足有深刻的认识。如同管理人员应有教学科研任务一样，教师也同样应该具备管理水平和能力，并在考核指标体系中体现出来。其次，教师应该充分运用教学管理创新成果。教学的改革与创新离不开学生的参与和反馈，而教学管理部门恰恰在这方面具有优势，况且教学管理创新的主旨也在于为教学服务。在运用创新成果的基础上，将优缺点及时反馈，有利于教学管理创新的良性互动和可持续发展。

提高教学管理者的管理水平。教学管理的对象是人，以人为本管理理念的体现其关键是教学管理者本身的素质与水平能力，而目前高校教学管理队伍相对教学队伍来说，教育教学管理理论知识贫乏，学历层次高低不均，每天大多忙于烦琐的日常教学管理事务，致使教学管理缺乏科学性和创造性。教学管理本身兼具行政管理与学术管理双重属性，教学管理人员不仅要懂得一般管理经验，更要了解、研究教育理论和教学规律。因此，笔者认为应从以下几个方面入手：加强对教学管理人员的培训，提高其管理水平，更重要的是更新教学管理理念，树立以人为本的管理理念，增强服务意识，为教师的才能发挥提供广阔的空间；致力于制定、实行公平的政策，创建有持续性的公平竞争环境，建立能持续调整的弹性机制，以实现管理效能整体提高的目标；熟练掌握学校教学网络系统，以提高教学管理效率，建立现代化的教学信息服务系统，包括所有课程的教学内容信息、课程调度信息，学习要求和毕业资格信息等，以方便学生查询、选择、自主设计学习方式。

当然，单纯强调以人为本，也会忽视管理应该遵循的客观规律，使管理失去客观性、公正性和规范性，造成管理的随意性和软弱性。高等教学管理应该是人文精神和科学精神的综合体，严格的科学管理制度与以人为本的管理理念两者相辅相成，才是理想的教育管理模式。

第二节 高校教学管理创新的必要性

高校教学管理是一项重要又复杂的工作。近年来，随着教育体制的不断深化发展，对高校教学管理进行不断创新已是必然趋势。本节以高校教学管理创新必要性为切入点，重点对高校教学管理创新的对策做出详细探究，从而保证高校教学管理迈上一个新台阶。

建设创新型国家是我国提出的新型战略方针。如何实现创新型国家，关键在于创新型人才的培养与储备。高校作为创新型人才培养的重要阵地，对创新型人才的培养成为高校教育教学管理的重中之重。

一、高校教学管理创新发展的必要性认识

随着教育体制不断深化发展，培养创新型人才成为高校首要的教育工作。高校教学管理的创新不仅是时代的发展需要，更是国家建设的需要。另外，受市场经济体制的影响，高校不断发展进步，必须进行教学管理的创新工作。新时期高校教学管理创新的必要性主要包含以下几方面内容。

（一）高等教育大众化发展的迫切需要

近年来，我国各大高校每年招生规模都在不断扩大，我国高等教育从精英教育向大众化教育发展。正因为招生规模不断扩大，高校面积不断扩张，使原本简单的教学管理工作变得越来越复杂。但是对于现阶段的高校教育来说，这是新时代发展的必然产物，也是社会不断进步的体现。因此，为了使高校教育跟上时代的发展，必须对高校教学管理不断创新与发展。受市场机制的影响，其中部分高校只追求学生数量的扩大，忽视对学生质量的要求，导致其发展速度远远跟不上高等教育大众化的发展速度，最终导致其课程教育、教学等都与社会发展需求相背离，培养人才技能结构过于传统。虽然近年来大学生毕业人数不断增加，但是真正就业步入社会后，一些高校学生所学的专业无法和社会需求相挂钩，不仅学

生的就业质量得不到保障，还造成教育资源和人力资源的浪费。

（二）高校自身发展变化的迫切需要

近年来，我国大部分高校招生力度不断扩大，校区规模不断扩张。其中还有不少高校，在本校区以外建立分校区，教学管理工作只能跨校区管理。如此一来想要实现规范统一教学管理必然有一定的困难。教学资源分散，管理难度增加，管理效率低下，诸如此类问题的存在，成为高校教学管理创新工作中必须解决的内容。传统教学管理模式与经验已然不适用于现今的跨校区、多校区教学。新时期新背景下对高校教学管理创新发展已成为高校自身发展的必然需求。

（三）高素质、创新型人才培养的迫切需要

自 21 世纪以来，世界各国综合国力的比拼愈来愈白热化。而有效提高综合国力的关键在于科技实力的提高和创新型人才的培养。高校作为培养人才的主要场所，学生的创新教育成为重中之重。因此高校首先应该改变思想，重新审视传统的教育理念，重新定位创新创业型人才的培养目标；其次要从教学管理制度入手，对专业设置、人才培养目标重新进行创新性定位，优化现有的教学管理制度，制定满足培养学生实践能力、创新精神和创业能力的教学管理制度。高校教师在教学过程中要充分考虑并尊重学生的个性差异，懂得因材施教。另外还要注重学生的个性化发展，培养学生的自主学习能力，并为学生自主学习创造有利的环境和氛围，采取灵活多变的教学方式，充分为学生的实践活动提供指导，从单一的课堂教学转变为教学竞赛一体化的教学模式，充分发挥学生的主体作用，把教学的主体从"教师"向"学生"转变，从而为社会培养出更多的创新型人才打下基础。

二、高校教学管理创新性对策研究

教学管理工作作为高校工作的重中之重，若要实现高校教学管理的创新就要立足全面分析问题，并从整体入手进行优化，既要坚持虽然传统却行之有效的管理模式与经验，又不排斥学习引进先进的管理方式。笔者谨提出以下几点建议完善高校教学管理的创新性改革。

（一）坚持"以人为本""以学生为本"的指导思想

理念是行为的主导，正确的理念能够引导人们在正确的道路上前进。它对教育实施者的行为产生影响，对教学内容、课程设置、教学方法、教育目的乃至师生关系也有影响。高校的教学管理创新，归根究底其实就是教学管理理念的创新，革新教育管理理念是根本。其科学发展的核心就是"以人为本"，国家发展是这样，高校教学更必须坚守理念。在高校教育过程中，坚持"以人为本"就是"以学生为本"，所有教学管理工作都要秉承"一切为了学生，为了学生的一切，为了一切的学生"的管理原则，将人文关怀渗透到日常教学与管理活动中，尽可能凸显教育方法的开放性与灵活性，最大限度地保留大学生的个性差异，让他们在高校中培养出强大的自主学习意识和创新创业能力，使学生成为社会发展与国家进步所需要的优秀创新型人才。

（二）加强教育者自我学习，提升整体管理能力

加强对高校教学人员的管理，不断提高管理人员的整体工作水平主要包括以下几方面。第一，思想政治修养的加强。高校作为文化传播的重要场所，身上肩负着培养人才、发展科学和社会服务的重担。因此高校教学人员首先要具备高度的责任心，用严谨认真负责的态度对待工作，这才是高校教学管理创新性发展的前提。第二，掌握现代教学管理的理论知识。为了提高高校的教育管理水平与教学质量，每一位高校教学人员都应该全面掌握现代教育理论知识，尤其对教育心理学、教育管理学等方面的学习，还要对教育教学管理制度有充分的了解，才能保证教学管理工作顺利开展。第三，高校教学人员应该具备创新能力和创新意识。为了高校更好地发展，教育不断改革，具备创新能力和创新意识是不可忽视的重要内容，只有具备这两方面能力，才能为高校献言献策，提出新的发展方向，为高校创新性发展提供实践理论基础。只有在创新的道路上不断前进，找出适合自身的发展道路，才能使学生个性化发展得到保证，才是不断提高学生学习积极性的基础。在如今"互联网＋"的时代背景下，对高校教学人员提出了更高的技能要求。网络、电脑、智能手机等都成为教学管理工作的重要工具。这就要求高校

教学人员在工作中自觉地多学习，积极发挥创新意识，多掌握一些网络技术，不仅工作效率得到保证，而且能保证教学各项工作的准确率。

（三）充分发挥"双效激励机制"

充分发挥"双效激励机制"，该激励制度不仅是教师积极参与教学管理的基础条件，同时还是激发学生主动学习的动力。"双效"其一指对教师的激励机制。高校要进一步完善针对教师所实施的各类福利政策，让教育者毫无后顾之忧地投身教学工作。一方面要不断加大课时津贴、教学奖励等福利政策的实施力度，另一方面要鼓励高校教育者将个人兴趣融入教学活动中，改变重科研轻教学的倾向，做到教学与科研两手都要抓，两手同时抓，为教师努力营造出公平合理的教学管理氛围。"双效"其二就是指对受教者——学生的激励机制。充分发挥对学生的激励机制，是提高学生学习积极性与创新性最行之有效的措施。首先引导学生提高自主学习能力及创新能力。高校要给学生创造出良好的学习氛围，引导学生树立正确的人生观、世界观和价值观。其次，高校要多途径、多方面为优秀学生搭建创新平台，学生接受教育的场所不再单一地局限于课堂，通过诸如课程实践、实习、竞赛等多途径为学生发展提供机会。最后，建立学生参与教学的管理制度，让学生通过校方的正规途径充分了解学校、学院在教学管理方面的创新性工作，从而更好地发挥学生的主观能动性。面对新时期的高校发展，建立"双效激励机制"已是必然趋势，支持教育者与受教者的工作与学习，让教与学在高校教学中发挥出最大的功效与潜力，从而达到教学目标的最优化。

（四）深化教学管理体制创新

为了满足新时期我国经济体制发展需求，教育体制要适时地进行相应改革与创新。学校主要进行宏观政策、机制上的调整，进行相应评估检查，各个学院的主要职责是对教学过程和教学质量进行监管。因此，高校教学管理重心要下移。一方面体现在高校要改变传统专业课程的设置模式，让全体教师都主动参与到教育教学的改革、学生课程的培养方案优化工作中，从而不仅发挥出教师的各自优势，还能节约高校教育资源。另一方面，完善高校教学管理中校、院两级分级管理模式，重点强调院系教学管理的主体地位，明确其中的权利与责任。最后，建立更加科学的学分制度，努力促进高校教育思想、教育观念、教学模式、教学内容与方法的变革。

高校教学管理创新工作是大势所趋，必须凝集国家、高校和社会各界的力量共同完成，秉承"以人为本"的科学发展理念，努力提高自身的管理能力，充分发挥"双效激励机制"，努力深化教学管理体制创新，为高校教学管理创新迈上新台阶奠定坚实的基础。

第三节　网络时代高校教学管理的创新

随着网络信息技术的发展和高校教学改革的不断深入，高校教学管理信息化建设在资金、人员、教学管理软件以及教学评价标准方面都跟不上发展的速度。高校要进一步提升教学管理的科学化和现代化水平，就要在电子教务管理系统、管理人员信息素养、筹资渠道、教学管理软件、教学评价机制、可持续发展等方面积极探索教学管理信息化建设的新路径。

高校教学管理信息化是高校利用先进的计算机、数据库和网络技术，实现教学信息的资源共享，使传统的教学管理向规范化、科学化、数字化和网络化发展，最终形成与高校教学管理发展并存又相互作用的虚拟教学管理系统。近几年来，随着现代信息技术的飞速发展和网络基础设施的不断完善，高校教学管理信息化建设取得了重大进展，采用信息技术运行的各种教学管理信息系统更是得到了广泛的应用，促进了从宏观到微观的高等教育管理体制的改革与创新。

一、网络时代高校教学管理信息化建设的背景

随着科学技术的进步和全球经济的飞速发展，人类社会已进入一个崭新的信息革命时代，即网络时代，21世纪对高校人才的培养也提出了更高的要求。当前，高校教学管理工作面临着网络新时代发展背景，具体体现在以下三个方面：

网络时代高校教学管理面临的新问题信新挑战。21世纪是一个信息技术高速发展的时代，以计算机技术、网络技术以及各种新媒体手段为核心的信息技术纷纷出现，并被广泛应用于社会各领域中，成为拓展人类能力的主要工具。在这样的信息化环境下，高校的教学管理工作面临着新的机遇和挑战。一方面，高校可以充分利用现代化的信息教育手段来开拓教学管理工作的新局面，促进教学管理理论和方法的创新，提高教学质量，探索与发展全新的教学管理模式；另一方面，高校教学管理在运用各种现代化信息技术教育手段的同时，也面临着科技新发展所带来的各种挑战。例如，各种新媒体及网络技术的购买和维修成本高，对高校的经费投入提出更高的要求；新教学设备的维护工作又对专业的技术支持人员提出新的需求。

高校大力推行教学管理改革。近年来我国高等教育事业获得快速发展，学校办学规模不断扩大，在校学生人数持续增加，毛入学率不断提高。据2021年全国高等教育事业发展统计公报数据显示，截至2021年，我国各类高等教育学生总规模达到4183万人，高等教育毛入学率达到54.4%。由此可见，我国高等教育已经逐渐由精英教育向大众教育转变，这给高校教学管理工作带来了前所未有的压力和挑战。如何确保高等教育教学质量，防止教学质量滑坡已成为社会各界重点关注的问题。显然，高校过去传统的教学形式和管理体系已经难以适应大众化高等教育的发展。为了应对这种挑战，国内很多高校进行了以选课制、学分制、弹性学制为核心的教学管理改革。选课制是学生在一定的规则范围内，自主选择所修的课程。学分制与学年制相对应，以学分考核学生的学业完成情况，用规定的毕业最低总学分来衡量学生的学习量和毕业标准。弹性学制是学分制的另类发展和表现，指学生可以根据自身的条件和特点来安排学习，其最大特点是学习时间的伸缩性、学习过程的实践性以及学习内容和学习方式的选择性。这些教学管理改革在一定程度上配合了高校教学管理信息化建设的需求。

21世纪是知识经济的时代，是文化多元化的时代，社会、科技和经济等各方面的发展对人才的培养提出了更高的要求。创新能力越来越成为各国衡量人才的首要和关键标准，高素质的创新型人才成为推动社会各领域飞速发展最重要的推动力，能够有效地推进创新型组织及创新型国家的建设。实施科教兴国和人才强国战略，就必须加强科技创新和教育创新，在社会的各个领域培养出具有国际竞争力的创新型人才已成为我国教育事业的首要目标。高校要顺应 21 世纪教育创新发展的需要，实行高效以及操作性强的教学管理新模式，注重对学生创新能力和综合素质的培养，充分运用信息技术手段进行教学管理，提高教学管理效率，实施个性化教育，培养创新型人才。

二、网络时代高校教学管理信息化建设存在的问题

在当今的网络时代，虽然高校教学管理信息化在我国越来越受到重视，但在大多数高校还处于起步阶段，发展不完善，在资金、人员、教学管理软件以及教学评价标准等方面还存在很多问题。

资金投入不足。教学管理信息化需要有完备的教学设施。虽然高等教育信息化建设的重要性越来越受到各高校领导的普遍认可，但是资金投入不足仍是制约高校信息化发展的因素之一。究其原因，一是由于高校扩大招生规模，高等教育日益大众化，单一的国家财政拨款远不能满足高校发展的需要，教学管理信息化建设上的投入也就相对不足；二是近年来各高校都在加速建设的步伐，将主要经费投入到校园建设、人才培养、教学项目等方面，忽视了教学管理信息化建设；三是教学管理信息化建设中所运用到的多媒体及网络技术的购买和维护成本较高，资金投入总量较大。此外，由于我国区域间经济实力发展的差异，导致不同地区的高校教学管理信息化发展水平很不平衡，那些经济发展水平较高，经费投入多的高校，教学管理的信息化程度较高，建立起了完善的电子教务管理系统。而一些地方性院校、中西部高校，由于经费投入不足，教学管理信息化的进程严重滞后，有些地区甚至缺乏基本的网络教学设备。

相关技术人员队伍建设滞后。高校教学管理信息化的建设过程离不开高素质的专职技术人员的支持，主要表现在教学硬件的维护以及教学软件的研发等方面上。然而，高素质的专门技术支持人才的匮乏成为制约我国高校教学信息化发展的又一障碍。在实际工作中，由于受人员编制、资金投入等因素的影响，在职位

设置上，各高校普遍没有专门的技术支持人员岗位，导致信息化的教学设备维护的技术水平较低，教学管理系统的稳定性和安全性得不到保障；在具体教学过程中，经常出现教学设备突发故障时没有专门的技术人员及时进行维护的情况，导致正常的教学活动受到影响；在教学管理软件的研发上，许多高校由于自身专门的技术支持人员的缺乏，往往单纯依赖外部专业的程序开发人员来规划和设计教学软件和系统，导致设计出来的软件和系统出现功能与实际不符或者操作不便等诸多问题。要引起关注的是，教学管理的实践证明，高等教育信息化的建设速度越快，技术支持的问题就越突出。

教学管理人员是高校教学管理工作的组织者和实施者，在具体教学活动中起着至关重要的作用，直接影响着教学任务的完成。如今信息化的教学管理环境对教学管理队伍的综合素质提出了更高的要求，信息技术素养越来越受到重视。但是，在对教学管理人员进行招聘时对其素质要求不高，录用后又忽视对他们进行系统性的培训，加之他们自身传统教学观念的落后，导致高校教学管理人员的信息技术素养普遍偏低，不熟悉计算机和多媒体技术的操作，不善于使用网络技术、计算机、互联网等现代信息技术手段去获取、分析、反馈信息以及处理繁杂的日常事务性工作，缺乏学习和应用新技术的积极性和主动性，工作效率低。这些都制约了高校教学管理信息化建设的进一步发展。

缺乏完善的教学管理软件。我国很多高校学籍管理、考务管理、教材管理等信息管理软件已经在实践中得到了应用，在成绩、选课、学生基本信息管理等方面发挥了一定的作用，大大提高了高校教学管理的效率。但是这些软件大都属于教学管理信息系统的某一局部应用，其开发时间、使用要求以及应用水平都呈现出不均衡性。此外，这些教学管理软件大多是各个高校委托专门的技术公司研制或是自行研制开发的，缺乏信息化平台建设统筹规划性。在信息化建设过程中忽视了教学管理信息化的核心地位，数据共享和传递困难，难以实现资源统一管理的目的。

缺乏支持教学管理信息化的评价标准。随着学生对网上教学平台和电子课件利用率的提高，自助式教学在我国很多高校越来越受到热捧。然而，支持高等教育信息化的教学评价标准尚不成熟，自助式教学的效果如何检验、教师网上答疑和多媒体课件制作如何计算工作量等这一系列问题不断涌现，亟须解决。众所周知，教师在教学过程中用信息技术要花费教师更多的时间，会成倍地增加教学工作量，提高课堂效率，但很多高校的人事考核还没有对这种额外劳动进行科学的评价和物质奖励，这会大大影响教师运用信息技术进行教学的积极性和主动性。此外，信息技术与教学的结合涉及教学模式的改变和学生学习效果的评价，这种教学评价工作的执行也需要以统一的标准为参考依据。

三、高校教学管理信息化建设的新路径

网络时代，高校教学管理信息化在高等教育改革和发展中起着越来越重要的作用。为了进一步提升高校教学管理的科学化和现代化水平，各高校要在电子教务管理系统、管理人员信息素养、筹资渠道、教学管理软件、教学评价机制、可持续发展等方面积极探索教学管理信息化建设的新路径。

建立信息化电子教务管理系统。高校要根据自身的实际情况，利用现代信息技术，建立以信息化为平台支撑、完整统一和技术先进的电子教务管理系统，实行以信息化为平台支撑的教学管理改革，实现智能性、互动性、个性化的教学管理。建立信息化的电子教务管理系统，高校要从以下具体方面着手：一是建立完备、可靠的教学信息处理系统，在各教务管理部门间实现统一的信息浏览、成绩管理，通过对学生基本信息的高速共享，促进教学管理部门之间的高效协作；二是建立集教务工作自动化和信息化为一体的先进的电脑网络系统，通过电子化、无纸化、信息化，实现教学管理的规范化，提高教学管理效率；三是随着教育资源管理系统、课程管理系统、课程制作系统、智能答疑系统、作业与考试系统等的相继出现，推行以选课制、学分制、弹性学制为核心的教学管理改革，实现个性化教育和创新人才培养。此外，高校要利用网络技术，发挥互联网的优势，建立教育资源库和校园门户网站，为学生和教师提供方便的网上教学平台，为师生构建网上协作学习的良好环境。

提高教学管理人员的信息技术素养。高校教学管理信息化建设对教学管理队伍的综合素质提出了更高的要求。提高教学管理人员的信息技术素养和信息管理能力是实现教学管理信息化的关键。首先，在新任教学管理人员的招录上要针对

信息技术素养设定一定的录用标准，通过现代化信息教学设备的实际演练和操作进行能力考核，择优录取。其次，要对新任教学管理人员进行信息技术培训，根据岗位特点，有针对性地加强信息管理知识的培训，提高计算机、网络技术和多媒体技术的应用水平，扫清技术和操作上的障碍。最后，对在职的教学管理人员进行年度性的信息素质考核，通过制定有效的惩罚和奖励机制，促使教学管理人员主动适应信息化社会发展的需要，不断提高自身的综合素质，不断积累计算机、网络、多媒体技术等方面的知识，更新和拓宽自己的技能领域，熟练驾驭现代信息教学技术。通过这三个途径最终要打造一支具有教学管理经验和创新能力，能熟练应用基于网络技术的教学管理信息系统的高素质的教学管理队伍。

多渠道多元化筹措资金。长期以来，我国高校形成了以财政拨款为主要经费来源的筹资格局，虽然自20世纪80年代以来国家财政和各级地方财政对教育经费拨款逐年增加，但是由于高等教育规模的不断扩大以及物价指数的飞涨，单一的国家投入远不能满足高校发展的需要。因此，要借鉴发达国家高校教学管理信息化的经验，结合市场经济的发展特点，通过广泛的社会服务和参与，形成以国拨经费为核心，多渠道多元化的筹资体制，充分发挥中央政府、地方政府以及高校在教学管理信息化建设中的集资作用。中央和地方政府除了每年向高校提供固定的财政补助外，要通过制定相关税收优惠政策，鼓励和支持各种社会团体、企业和个人参与到高校信息化建设中，通过引进技术和资金，更新落后的教学管理硬件配套设施，建设性能优异的电子教务管理系统。高校要结合自身的实际情况通过各种合法手段获取办学经费。

开发优质的教学管理软件。优质的教学管理软件是实现教学管理信息化的重要条件。目前，我国不少高校都是委托校外某个公司或机构来完成教学管理信息软件和系统的程序设计与开发，而学校教务管理部门本身并不参与或很少参与这个过程中，导致开发出来的教学管理软件和系统在实际应用中存在很大的局限性。因此，各级教育主管部门、各高校要组织本校那些既懂现代信息技术又懂教学管理的人员共同开发研制质量高、适用性强的教学管理软件，而教务处的系统规划者也必须全程参与到开发过程中。在具体的开发过程中，要采用国家标准和教育部对教育信息化管理的规范，充分考虑上级教育主管部门对学校和下级管理部门的要求，实现数据的完全共享，提供完整的信息指标体系，使其内容能够满足各种类型高校的需求。

建立教学管理信息化的评价机制。科学的教学管理信息化评价和激励机制可以有效地促进教学工作水平和教学质量的提高。为了有效促进高校教学管理信息化建设的发展，各高校要根据不同层次和类型的教学工作要求，制定科学合理的评估指标体系，采取切实可行的评估方法，对各层次和类型的教学管理工作进行科学客观地评估，为今后改进教学管理工作提供科学的依据。此外，要建立支持教学管理信息化的教学评价标准，对教师因运用信息化技术进行教学而增加的额外工作量进行合理评估，并建立与之相对应的物质奖励机制或课时抵用的合理计算方法，从而提高教师进行信息化教学的积极性。对信息技术与教学的结合而产生的教学模式和学生学习效果的改变也要建立一套合理的评估体系，支持高校教学管理信息化建设的进一步发展。

促进教学管理信息化建设的可持续发展。高校教学管理信息化建设是一个长期曲折的过程，要努力使其实现可持续发展。具体要做到以下几个方面：一是实施教学管理信息化的全面、协调发展。教学管理信息化的实施不仅要体现对学校教学工作的重要支持，还要体现对科研、行政管理和社会服务的支持，要让教学管理信息化带动高校整体信息化的协调发展。二是对教学资源进行优化配置、合理利用与保护。教学管理信息化系统是一个较为复杂庞大的管理系统，包括了硬件设备、应用软件以及管理人员等各种资源，在具体的教学管理工作中，要对这些资源进行优化利用和配置，同时也要做好这些资源的维持和保护工作，发挥它们的长期效用。三是加强各级教学管理人员的信息技术能力建设，通过不断提高教学管理人员的信息技术素养，不断深化高校教学管理信息化进程。

总之，高校教学管理的信息化建设是当今高等教育发展的大势所趋，也是适应当今网络时代对创新人才培养的要求。各高校要充分利用现代信息技术，探索新的教学管理模式，促进高校教学管理信息化建设的发展，进一步提高教学管理的科学化和现代化水平。

第四节　高校教学管理创新发展探索

　　高校教学管理创新发展是时代变革发展的必然趋势。高校教学管理现状主要表现在教学管理工作认识程度不够及教学管理数字化程度相对薄弱。建立"以人为本"的现代高校教学管理理念；构建高校教学管理网络信息化运行机制；开展"精细化"高校教学管理模式是高校教学管理创新发展的有效途径。

　　改革开放以来，随着我国"科教兴国"战略的推进实施，高等教育事业实现深刻变革与巨大发展。适应时代发展需要，是我国高等教育改革与发展的基本目标与要求。习近平总书记在党的十九大报告中明确提出："要加快一流大学和一流学科建设，实现高等教育内涵式发展"。高校教学管理工作是高校管理工作的核心内容，是高校培养高质量人才服务社会的重要保障。根据现阶段我国高等教育发展的实际情况和发展特点，国家教育相关管理部门对高校的教育管理已经提出了新要求，尽管我国高等教育发展过程中对教学管理做出了相应的改革，但在应对新形势下的高校教育教学中面临的问题还是存在着部分限制解决因素，在一定程度上严重影响了教学质量的提高。因此，通过改革创新教学管理模式是我国高等教育适应时代发展的现实要求。

一、高校教学管理创新发展的必要性

（一）是时代变革发展的必然趋势

　　步入新世纪后，社会改革发展使得社会政治、经济、文化及教育等方面都发生了巨大变化。高校作为社会发展输送人才的主要阵地，根据时代变革特点打破原有的教育管理模式，提升教育质量是高校教学管理创新发展的基本原则。提高人才培养质量是高等教育的核心任务，深化教育教学改革是新时期高等教育发展的强大动力。当前，在高校教学管理中要深入推进信息技术与教育教学管理深度融合是时代变革中教学管理创新发展的必然趋势。

（二）互联网技术普及应用为高校教学管理提供新契机

随着互联网信息技术的不断发展，当前社会已经进入"信息时代"，互联网的普及已经成为社会发展的趋势并逐步应用于各领域。要充分发挥互联网的高效、便捷优势，提高资源利用效率，加快发展基于互联网的教育等新兴服务。因此，建设以互联网应用为基础的网络信息化管理是高校教学管理改革的重要途径。互联网技术的应用可以使得在管理方面更为精准化、人性化及集约化，高校在教学管理中运用互联网进行多种信息传播将更为技术化，同时在操作过程中精准程度将大幅度提高。同时，在劳动强度方面可以极大地减轻工作人员的工作量，提高日常教学管理的工作效率。高校通过互联网技术与高校管理服务体系的深度结合，利用互联网带来的公共数据资源的开放获取优势，可以形成在线"一体化"公共服务体系，将服务资源进行有效整合，实现数字化及智能化的高校教学管理服务模式。

二、高校教学管理创新发展的有效途径

（一）建立"以人为本"的现代高校教学管理理念

"以人为本"是科学发展观的核心，体现了全心全意为人民服务的根本宗旨。高校教学管理的本质就是在教师从事教育教学过程中尽可能的进行辅助服务，"以人为本"的现代教学管理新理念其核心就是围绕教师和学生通过使用科学的管理模式对学生及老师开展教学管理工作，与传统的管理模式相比弱化了以理性为中心开展管理工作，是当前高校教学管理改革发展的必然趋势。一方面，高校管理人员通过加强自我服务意识，对学生及专业教师的个性化需求给予最大化的满足，在教学、科研及服务管理过程中做到规范管理、人性管理和民主管理，切实做到以人为本，突出人性化的教育管理理念。另一方面，要重视学生的地位。学生是高校教学管理内容的重要组成部分，通过发挥学生的主观能动性可以激发学生的学习兴趣，进而提高教师的教学效果，达到人才培养的最终目的。

（二）构建高校教学管理网络信息化运行机制

"互联网+"与高校教学管理工作的紧密融合使得信息资源高度共享得以实现。高校网络信息化运行是提供服务于学生及教师办理日常事务的最简化途径。应用教学管理信息化系统是高校进行网络化办公的主要方式。提高高校教师及学生对教学管理信息化系统的使用效率是构建高校教学管理网络信息化运行机制的根本目的。积极引导高校学生正确、快速的使用高校教学管理系统，减少现场办公环节，可以对提高高校教学管理工作的效率起着正面和积极的作用。同时，在完善教学评价过程中，网络信息化提供的大数据可以及时分析教学过程中发现的各类问题，教师通过数据分析结果及时调整教学内容，最终会促进整体教学效果的提高。高校教学管理在大数据的支撑下可以从宏观向微观转变，对群体的分析与观察逐步转向个体，在分析具体学生的反馈数据基础上进行实时跟踪，以实现高校教学管理质量的显著提升。

（三）开展"精细化"高校教学管理模式

"精细化"管理模式主要是通过细化分工实现最佳管理效果的一种职责明确化方式。在高校的教学管理中，开展"精细化"教学管理是高校教学管理创新发展的有效途径。高校的"精细化"管理模式主要是通过对正常运行的教学管理的各个主要环节进行合理策划、精心组织，紧扣管理中的实际情况依据以人为本的主要原则加强管理力度，实现教学管理从量的改变到质的提升。一方面，通过"精细化"管理加强高校管理工作人员的素质提升。制定精细化的教学管理工作人员素质提升计划对其展开培训。利用聘请专家进行专业化讲座及参观培训的方式，对精细化管理相关实践技能开展有效学习，逐步掌握流程化的管理技巧。另一方面，要构建精细化考核监控体系。通过精细化的管理考核体系可以激发高校管理工作者的工作热情，调动其积极性和主动性，同时通过不断完善的奖惩机制，激励教学管理人员不断改革创新。

第五节　大数据背景下高校教学管理创新

在互联网技术的迅速发展及影响下，我国已经进入了大数据时代。大数据的信息使人们的生活、工作、学习得以全新的改变，同时也受到了教育管理者的推崇与使用。其中高校的教学管理工作也在适应着时代的发展，不但摒弃了以往落后陈旧的教学管理方式，而且充分利用大数据信息对教学管理模式进行了创新改革。将大数据的信息与高校对于学生的管理模式进行有机结合，不仅能彻底摆脱低效落后的管理手段，也能够大大提高高校对于学生开展管理与服务的工作效率。但是在大数据背景之下高校教学管理工作中依然存在着很多问题，如何高效解决这些问题并且采取相关策略去推进高校管理工作的顺利开展是十分值得我们探究的。

高校是学生接受教学培育以及日常生活的主要阵地，因而需要制定针对有效的教学管理制度，并且要通过充分运用教学教育的管理手段，才能高效实现对于学生的教学管理目标。大数据的普及运用，对教育行业也带来了新生，很多高校慢慢脱离了过去传统陈旧的教学管理模式，同时为了适应大数据的时代发展趋势及当前的教学管理实际需求，高校对于教学管理工作也实施了一场创新改革，取得了很明显的效果。但是由于经验不足，导致在有些方面还存在不足之处，如何将大数据信息技术与高校教学工作进行更好的结合，是高校当前面临的挑战。

一、大数据技术的概念内容

大数据技术就是涵盖海量数据的整合，指的是无法在一定的范围与有限时间内开展信息内容的收集与高效管理的数据形式。通过整合与处理海量的大数据信息资源，能够对企业事业单位的相关工作进行相对应的决策指导，优化大量信息数据的管理过程，且推进不同种类无形资产的快速增长。大数据技术的运用，其最终目标并不是搜集大量的数据信息，而是处理巨大的数据资源。通俗来说，就是整合使用多个数据信息库，再对数据库中覆盖的大量信息资源进行"加工"，能够在原来的基础之上促使数据信息价值的增值。

二、大数据背景下高校教学管理中存在的问题

高校教学管理工作中收集与整合数据缺少明确的目标。当前很多高校运用的大数据技术，依然处在我国信息化建设工作的起始阶段，大数据在高校教学管理中的使用方向相对较少，并且缺少清晰明确的工作目标。高校的相关管理部门对于学生数据的收集，没有去按照日常学习与活动的数据要求进行对数据的收集、整合与储存。而是在对高校学生的所有信息开展收集管理，包含图书借阅、课外活动、课堂学习、兴趣爱好等信息，这就致使高校对于学生的数据信息管理缺少规范、科学、明确的实行目标，搜集到的学生数据信息也是杂乱不齐，其中也有很多数据信息根本没有什么存储价值，可是重要的学生数据信息又会出现漏采及没有记录的情况发生，这样就会造成高校的教学管理工作出现失误和偏差的现象。

高校的数据化教学管理与实际人才的需求存在脱节的现象。在大数据时代高校获取及存储的信息数据，基本都是将不同种类的信息数据区分开来再储存到不同的数据管理库。所以在高校不同的数据管理库存在着差异化的信息数据，各种各样的教学资源信息如孤岛效应一般的存在着。很多高校数据信息库之间没有建立内部联系，导致无法共享资源信息，同时社会与高校之间也缺少直接的数据交流途径。在各种数据资源独立与不相连的情形下，高校的教学管理能力自然就会大大降低，并且高校对于学生进行的一系列教学活动也无法满足社会企业对于人才的实际需求。因此，当下高校的教学管理数据库建设，依然还处于利用信息数据的过渡时期，挖掘和分析的数据信息内容不够全面化、统一化，数据信息资源对指导高校开展教学活动也起不到应有的作用。

三、大数据背景下高校教学管理的创新策略

加强高校教学应用数据信息技术的管理意识。大数据不但是高校教学管理的

无形资源，也是高校不同部门进行教学管理决策的关键性依据。目前很多的高校教学管理部门，还有教师对于学生的数据学习缺少敏感性，在运用多种信息数据对学生进行管理的效果很不理想，根本实现不了专业化、精准化的教学管理。因此，基于大数据信息技术的分析和研究的教学角度出发，高校教学管理的相关部门工作人员要加强自身数据化管理的工作意识，创建对学生进行教学引导的信息化平台，对高校的各种数据资源信息进行统一整合，深度挖掘与学生心理教育及课程教学有关的数据信息内容，以此来真正实现大数据对高校教学管理的有效服务。

创建数据信息的统一管理标准，实现数据共享。构建统一的高校教学信息管理的相关标准，能够大大减少采集信息时出现过多无用的数据，从而有助于充分保障收集、储存及利用有用的数据信息，也能减少工作量，提升管理效率。另外，各个高校建立统一数据收集与管理的相关标准，能够使不同的云端存储平台形成有机衔接，也能通过互联网平台去共享和交流各种数据信息资源。高校可以利用服务器和数据库等相关硬件设备，通过互联网平台共享互通学生的数据信息资料，同时再筛选出有用的信息进行深度的挖掘。例如：高校的相关的管理部门可以将学生的考试成绩、得奖情况、挂科情况、参加社会实践活动、课堂表现等信息进行统一整合，然后在学期末尾根据这些信息对学生进行综合性考核，给予相关的奖励与惩罚。如对于表现好的学生发放奖学金、发放优秀学生的荣誉证书、保研等，而对于表现差的学生可以实行记过，甚至留级的对应惩罚。

第三章 高校学生管理的理论研究

第一节 高校学生管理内涵

现阶段，学校的学生管理工作正处于一个从外延到内涵不断深化的阶段，虽然各个地方高校开始重视学生管理工作，但似乎没有得到太大的改进，依然停留在理念和形式之上。在教育越来越被人们重视的时代之下，对辅导员的素质也提出了更高要求，只有当他们更加深刻地认识到学生管理工作的真正内涵，并根据管理过程当中学生们反馈的基本情况来对自身的不足之处加以完善和更新，才能够真正适应未来教育发展以及对学生综合能力培养的需求。

一、高校学生管理工作面临的挑战

人们日常的生活习惯、思想理念和道德心理在改革开放的浪潮中产生了深刻的变化，这对大学生的成长带来了一定的影响。一是，大学生由于欠缺社会阅历，对身边的事物缺乏正确辨识的能力，因此身心健康容易受到影响甚至会受到严重的伤害；二是，现代媒体的普及使学生在信息获取上更加的方便快捷；三是高校学生的数量急剧增加，但教学设施又跟不上，满足不了学校管理和后期服务的需求；四是，新时期的大学生存在较大的个体差异；五是，学分制的取消减弱了对学生的管理。

二、高校学生管理存在的问题

（一）管理人员水平不一

在我国的大学里，管理水平参差不齐。尽职的管理者在管理工作中会设身处地精进管理方案，而不把管理工作当作首要任务的工作者则只会墨守成规，毫无精进可言。高校管理人员的素质是影响高校学生管理有效性的重要因素，应引起足够的重视。

（二）高校学生事务管理法治化的缺失

国外高校学生事务管理工作特别是高校学生与管理者权利与义务的研究、教育法律法规的研究等在法治层面的研究内容、范围更为丰富。我国学者在此基础上，通过实践对国外高校学生事务管理又进行深入研究，以此找到更适应的我国高校学生管理工作发展的理论。

（三）学生数量增多

高校扩招可以使更多的学生获得在高等学校的学习权。资源总数没有随着学生总数的增加而有所变化，导致人均分配得到的资源大幅度减少，这使管理工作也大大增加了难度。人数增加的同时，带来的是更多更加激烈的文化碰撞，学生来源更加广泛，不同地域的文化理念碰撞的结果可能是融合，但也可能是分离，但不可避免的是碰撞初期会产生的摩擦，而结果是由管理人员的处理方法来决定的。这样就增加了管理人员的总工作量。

三、高校学生管理问题的对策分析

（一）合理地分配管理工作，重视"预测预防"

高校要做好学生管理工作的合理分工需要从三方面下手：一是要合理做好学生日常管理事务的分工，这样不仅有利于工作效率的提高，而且也有利于减轻工作的负担，提高管理的水平；二是要对已经发生过的问题进行认真分析，在管理中做到举一反三，有利于控制类似事件的发生；三是要对学生的思想动态进行密切的关注，必要时给予引导教育，这样可以有效控制事态的发展。

（二）把学生综合素质的培养放在教育的首位

在当今激烈的社会竞争环境之下，学生们的成长更加凸显了对综合素质提高的需求，而如何进一步提高学生们的综合素质已经成为 21 世纪教育研究者讨论的重要课题之一。

（三）转变学生传统的学习观念，加强引导，明确学习目标

学校管理者要尽量改变以往封闭式的教学以及管理模式，积极转化自身的管理理念，采取一系列行之有效的措施为学生们提供更加高效的教学管理方法。在这样研究取向的管理过程当中，在学生辅导员的精心指导之下，学生们才能够明确自身的学习目标，掌握许多课本上学不到的知识，在生活和学习中发现问题并自行解决。

（四）大力开展学生社团活动

为了给学生们提供一个良好的学习和发展平台，学校要多多开展一些社团活动，鼓励学生们积极参与，通过这样的方式才能让学生们达到学有所用，突破以往理论与实践相脱离的错误管理模式，丰富学生们的实践经验，让其在实践活动当中获得参与的积极体验。一方面满足学生管理工作的自由性、灵活性和趣味性，另一方面也有效地激发他们的主动性。

（五）辅导员应该成为大学生的人生导师，注重学生的一生发展

做好思想方面的正确指导是学生管理工作得以有效展开的根本保证。这就要求辅导员自身先要拥有科学完备的价值观念，并通过自身的行为做表率，发挥先锋模范的作用，逐步引导学生们朝着正确的思想方向迈进。

综上所述，高校学生管理是一项系统复杂的工作，新形势下高校的学生管理工作面临着一些问题，所以要针对问题，采取有效措施，转变对高校学生的管理方式，提高辅导员素质，强化辅导员队伍建设等等，从而使学生管理工作更加规范化、科学化，以实现全面发展的人才培养目标。

第二节　高校学生管理的指导思想与原则

一、高校学生管理的理论根据和指导思想

研究我国高校学生管理，主要应注意运用以下几个方面的理论观点和指导思想：

（一）坚持马克思主义关于人的全面发展的理论，培养有理想、有道德、有文化、有纪律的全面发展的高级专门人才

做好研究工作首先要解决"为谁培养人"和"培养什么人"的问题。我国大学的性质决定了我们必须确保学校培养出来的毕业生，不仅要有扎实的科学文化知识和健康的体魄，而且必须具有高度的社会主义觉悟，也就是要有理想、有道德、有文化、有纪律。要培养这样的新人，就必须按照马克思主义人的全面发展的教育思想办教育。马克思主义教育思想的核心就是关于人的全面发展的学说。培养德、智、体全面发展的建设者和接班人的教育方针，是马克思主义这一理论精髓的具体运用。

（二）运用马克思主义关于辩证唯物主义的理论，用对立统一观点指导高校学生管理，在管理中坚持整体观

马克思主义辩证唯物主义哲学是一切社会科学和自然科学的理论基础。马克思主义的认识论和方法论，渗透于所有社会科学和自然科学之中，所以，也同样渗透于高校学生管理科学之中。要运用对立统一观点，坚持管理的整体观。在纵向上，坚持整体观就是局部与整体的统一，从学生管理工作的整体系统看，组成这个有机整体的各部分又都是一支系统，是局部。学生管理系统的整体功能是由各部分的组合形式决定的，虽然支系统都各具有特定的功能，但它们都应服从学生管理系统整体的目的和功能，各个支系统的要素都是为了整体目的而建立的。在横向上，坚持整体观就是处理好各支系统之间的分工与合作的一致性，把各部门都协调到为培养全面发展的人才这一共同的管理目标上来。

（三）运用高等教育和现代管理科学理论指导高校学生管理，使大学生管理科学化

现代治校观念要求我们靠现代科学来管理学校，管理学生。具体说来：

第一，靠教育科学，要遵循教育的外部规律与内部规律办事。比如高等教育的规模为一定的经济基础所决定，反过来又作用于一定的经济基础。高等院校作为高等教育的主要载体和平台，人才、资源、市场面临着越来越激烈的竞争，理念、体制、结构也面临新的变革和调整。高校要准确把握社会脉搏，直接面对市场办学。大学生管理也要研究新情况，解决新问题，培养高素质的复合型人才。

第二，靠运用现代管理科学的理论与方法进行管理，使学生管理队伍的组织机构严密，管理制度科学，人员分工合理，职责范围明确，奖惩分明，动作协调，工作高效等。运用现代管理科学指导学生管理主要是运用它的基本原理：系统整体性原理、要素有用性原理、动态相关性原理、人的能动性原理、规律效应性原理、时空变化性原理、信息传递性原理、控制反馈性原理等。我们应在管理实践中力争使管理组织系统化、管理决策科学化、管理方法规范化和管理手段现代化。

（四）继承和发扬我国多年来高校学生管理的成功经验

多年来高校学生管理工作的成功经验是当今学生管理工作的宝贵财富。

第一，社会主义大学必须坚持中国共产党的领导，坚持社会主义方向，这是我国多年来办大学的一条基本经验。坚持党的领导就是用党的路线、方针、政策作为社会主义大学管理的基本指导思想，就是要确保社会主义大学的社会主义方向，调动全校师生员工的积极性，为培养德、智、体全面发展的高级专门人才努力奋斗。坚持社会主义方向，是由我国大学的社会主义性质所决定的，一切管理工作都要根据党的路线、方针、政策去组织、实施。各项规章制度的制定都要有利于坚持"一个中心、两个基本点"，有利于调动广大师生员工的社会主义积极性，这是衡量管理功能与效益的基本点。

第二，管理工作规范化、制度化，即把符合社会主义方向的，又经过实践检验比较成熟的民主管理和科学管理体制、程序、办法用制度形式固定下来，使工作形成规范，其中心点是责、权、利相结合，使制度的思想性和科学性统一。

第三，坚持理论联系实际的原则，面向社会实践，实行教育与生产劳动相结合。社会主义大学培养的人才，必须适应社会主义市场经济的需要，在思想上有高度的社会主义觉悟和共产主义献身精神，在业务上不仅要有理论知识，而且要有较强的分析问题和解决问题的能力，要有实干精神和较强的独立工作能力。

二、高校学生管理的原则和基本方法

原则是对客观规律的反映，是观察问题和处理问题的准绳。社会主义学校管理学的原则是学生管理的内在关系的规律性的反映，不是任何人随心所欲创造的。在学生管理工作中，管理原则处于承上启下的关键地位，是管理目标和实现管理目标的手段之间的中介，它是学生管理工作中管人处事所依循的法则，是采取有效手段进行管理活动的基本要求。管理原则和管理目标、管理过程、管理方法、管理制度、管理者之间都有密不可分的关系。

（一）高校学生管理的基本原则

我国高校学生管理基本原则是根据学生管理工作的目的、任务和培养学生成为社会主义合格人才的客观规律制定的，它制约和指导着其他个别和特殊原则。

1. 学生管理工作方向性原则

管理是一种有目的的活动，管理工作必然具有方向性。以坚持社会主义方向为准绳，这是我国学生管理工作的一个本质特点。我国是社会主义国家，自然要使高等院校成为社会主义性质的育人场所。社会的性质制约着学校的性质，进而决定学校一切管理工作的性质，因此我们的高校学生管理工作，作为一种有目的、有意识的自觉活动，必须坚持党的领导，坚持社会主义方向，为社会主义现代化建设培养造就大批合格人才，这是高校学生管理工作必须遵循的一条最基本、最重要的原则。

2. 理论与实践相结合的原则

理论与实践相结合，坚持实践是检验真理的标准，这是马克思主义的基本原理，也是高校学生管理的基本原则。准确领会和掌握马克思主义相关科学及各种管理原理，把握它们的精神实质，这是搞好学生管理工作的前提。但是，管理原理的应用价值和范围，是受不同学校、不同管理对象和管理者水平等因素制约的。党和国家在社会主义现代化建设阶段有着基本的教育方针和政策，在各个不同发展时期，针对不同特点，又提出一系列具体的方针、政策和要求。这些方针、政策和要求，应当体现在各高校学生管理的具体措施、方法之中。但是科学的学生管理必须从本地区、本校、本专业、本年级学生的具体情况出发，从学生的素质、兴趣、爱好和青年的生理、心理特点等出发，制定出相应的方法和措施。

3. 行政管理与思想教育相结合的原则

培养学生的共产主义思想品德，既需要耐心细致的说服教育，也需要坚持不懈的行为训练，使学校的教育要求变为学生的行为习惯，否则，教育的效果就不会巩固。学生良好行为习惯的训练和培养，离不开科学的管理，没有合理的规章制度、行为规范，思想政治教育就会空乏无力。行政管理在培养社会主义合格人才的过程中具有不容忽视的作用，它为教育工作提供规范、准则和纪律保证，但是具体的大学生管理是通过规章制度、行为纪律对学生的思想行为进行科学的指导和制约。这些制度、措施、纪律表现为社会与学校的集体意志对大学生的要求，表现为对大学生行为的外在限制。因此，想单纯地运用管理制度去解决学生复杂的精神世界问题，是违背教育规律和不切实际的。社会主义高校对学生进行管理的措施的制定与实施，必须以提高学生的认识能力，培养学生自觉遵守规章制度的自觉性为前提。自觉的纪律来源于正确的认识，离不开正确的教育，我们只能通过科学而有效的思想教育，帮助学生提高执行纪律的自觉性，才能真正实现管理的效能。

4. 民主管理原则

社会主义高校学生管理工作的一个重要方面，就是要培养学生自我控制、自我管理的能力，激励学生在管理中的主动意识和主人翁态度，充分调动学生自我管理的内在积极性。因此，社会主义学校学生管理工作中坚持民主管理的原则是符合整体管理目标的。

从大学生的心理特征看，他们处于心理自我发现期。这一时期他们产生了认识和支配自我、支配环境的强烈意识，他们的思想和行为表现为明显区别于中学生的相对独立倾向，希望自己的意志和人格受到外界更多的尊重。他们对学校制定的规章制度、行为纪律会思考它们的合理性，一般不希望被动地处于服从和遵守的地位，而是要求参与管理。根据学生培养目标和他们的心理特点，我们在管理工作中应充分发扬民主，把学生看成既是管理对象同时又是管理主体。

在实行民主管理时，我们应注意发挥党团员学生的作用，重视学生干部的选拔与培养，这是调动学生中的积极因素，实现学生民主管理的重要任务之一。

（二）高校学生管理的方法

高校学生管理的方法是根据其管理原则，为实现大学生培养目标而在德、智、体及其他方面所采取的具体方式、步骤、途径和手段。一般有以下几种方法：

1. 调查研究

对学生的情况，要经常调查、了解、掌握，及时采取相应的措施处理。调查研究时要对调查对象、目的、方法作认真规划，不能临时应付，草率从事。调查中不带框框，坚持实事求是，不能以上级单位或某人的指示、意见为结论，到下面寻找材料佐证。在调查的基础上还要用马克思主义立场、观点、方法，对调查材料、调查事物进行分析、综合、研究。

2. 建立规章制度

在大学生管理中逐步确立一系列科学的管理制度，这是大学生管理的必要方法。制度要符合大学生身心发展特点，符合教育规律和德、智、体培养目标的要求。制度既要随着教育的发展而不断完善，又要有其相对的稳定性。

3. 实施行政权限

按照学生管理的目标、内容制定一系列规章制度、执行措施和学生行为规范，用行政方法进行管理，并通过相应的管理部门及其人员和师生员工实施检查监督，从而使学生集体或个人的活动达到管理的目标要求。行政方法包含褒扬和惩治两个方面。对遵守管理制度、行为符合规范的集体和个人，应予以表扬；对违反管理制度、行为不符合规范的集体和个人，要有明确的限制措施，并用严格的制度约束其中的特别恶劣者。

4. 适当运用经济的手段

经济手段是行政方法的补充。在学生管理活动中，对学生给予必要的物质奖励或惩罚，就是经济的手段，采用经济手段并不意味着行政方法不足以保证管理实施，而是因为直接触及学生的物质利益，它起的作用是行政难以替代的。用经济手段进行学生管理时，要注意防止一种倾向，即只重视用经济手段去奖惩，而忽视日常的教育和引导，忽视行政管理的作用。同样不能只重视用经济手段奖励优秀学生，而忽视用同样手段处罚违纪学生，或者只重视处罚而忽视奖励，导致不能发挥经济手段的作用。

第三节 高校学生管理的对象和现实任务

一、高校学生管理对象

所谓管理对象是指"管理活动的承受者"。随着人类认识的深化和管理的科学化、复杂化，不同时期、不同学派对管理持有不同的见解：一是指管理活动所作用的各种具体对象。最初是人、财、物三要素；后增加了时间、空间，成为五要素；后来又增加了信息、事件，成为七要素，等等。二是指管理活动所作用的特定系统，即把管理对象作为由多种因素组成的有机整体。系统与外界环境有信息、能量、物质交流。高校学生管理作为高等学校管理工作的重要组成部分，其相对应的工作对象无疑是指高校学生，从广义角度来看，这些学生应包括所有在高校求学的学生，即专科生、本科生、硕士生、博士生等。因为这些人都是高校学生管理活动的承受者。高校学生管理牵涉到诸多知识体系，包括管理学、教育学、青年心理学、政治学、人才学等。因此，高校学生管理是一门综合性、政策性很强的应用科学。它具有自己独特的研究对象，这个对象就是学生管理活动本质的、内在的联系及其发展变化的规律。以党的路线、方针和政策为依据，建立在教育科学、管理科学、青年生理心理学等基本理论和丰富的学生管理工作经验的基础之上，研究学生管理的对象、任务、原则、内容、方法和规律的一门科学。

高校学生管理作为学校管理的一个重要方面，同其他管理工作一样，都是以教育领域某一方面的特殊现象和规律为研究对象的，它必然要受到教育领域总规律的支配与制约。因此，它又不同于管理工作的其他分类工作，具有相对的独立性。我们只有既认识到高校学生管理工作与其他管理工作的密切联系，又认识到它与其他管理工作的不同特点，才能真正揭示高校学生管理现象本身所具有的特殊规律，使之成为一门具有特性并富有成效的管理工作。

作为一门管理工作，一般而言，总要有相应的学科知识成为其所依循的工作方针，而一门学科的成立必须具备一个必不可少的条件，即它必须具有一套系统的范畴体系。范畴体系既体现了研究的角度，也展示了研究的内容，同时又表明了其相互间的关系。因此，准确而恰当地表述高校学生管理学的研究内容，最好的办法是确立这门科学的框架和范畴体系。高校学生管理工作要研究的内容应涵盖以下几个方面：

1. 学科理论的研究。包括高校学生管理科学的性质、理论基础、研究对象和领域、主要研究任务、学科的地位和作用，高校学生管理的指导思想和原则，如何对历史的经验进行抽象和概括以纳入理论体系之中，如何移植、融合相关学科的理论，不断丰富、完善和发展高等学校学生管理科学等。

2. 方法论的研究。研究高校学生管理科学的方法论，一方面要研究根本的思想方法；另一方面还要研究具体的管理方法，如思想政治教育管理、大学生社区管理、教学与学籍管理、实践管理、社团管理、校园文化管理（含网络管理）、奖惩制度管理、社会心理健康与咨询管理、就业管理、学生党员管理与党建管理、学生干部队伍的管理、学生群体性突发事件的应急管理等方面的管理方法与手段。

3. 组织学的研究。高校学生管理是一项系统工程。对高校学生管理的组织领导体制、学生管理队伍的建设、学生管理的现代化趋势等，都必须作更为深入、全面的探讨。

4.学生成长规律、心理生理特点与管理工作的有机联系研究，青年群体之间相互作用关系与高校学生管理工作的互动共生研究。

二、高校学生管理的基本任务

高校学生管理工作的基本任务，不仅包括研究学生管理学的相关体系，即研究高校学生管理工作与活动的知识系统理论，而且更重要的是这种研究必须着眼于寻求学生管理工作本身所蕴含的特殊矛盾，领悟和把握学生管理工作的运行规律，以更好地运用于学生管理工作的实践之中，有力地推动高校学生管理工作。概括起来，高校学生管理工作的主要任务是：

第一，坚持马克思主义关于人的全面发展理论和党的教育方针，贯彻党的基本路线，以马克思主义哲学原理为方法论，认真贯彻落实新的《普通高等学校学生管理规定》，遵循党的教育方针和学校的培养目标，为培养全面发展的高素质的人才服务。

第二，系统总结我国高校学生管理工作的经验和教训。学生管理是种既古老又年轻的社会工作，它伴随学校的产生而产生，有着悠久的历史传统和崭新的时代内容。中国共产党早在初创时期就在大中学校开展学生工作，有多年学生管理工作的历史，积累了丰富的经验。从创办湖南自修大学、平民女学、农民运动讲习所，到开办红军大学、抗日军政大学到新中国成立后各级各类学校的建立，其间有众多的经验需要总结，也存在一些教训需要吸取。新中国成立以后，我国的学生管理工作也有着许多值得认真研究的理论知识与实践特色，从解放初期到"文化大革命"时期；从改革开放到全面建设小康社会，每一个时期都有不同的学生管理工作理论基点和实践探索，这些都是值得我们从事学生管理工作的同志认真学习、探讨、分析和思索的。

第三，批判地继承历史上高校学生管理工作遗产，借鉴国外学生管理工作的经验，吸纳教育学、社会学、政治学、青年心理学、系统管理学、文化学等相关学科的知识理论，构建具有中国特色、符合时代精神的高校学生管理模式。中国是一个历史悠久的文明古国，几千年来，我们的祖先在学生教育和管理中积累了丰富的经验，这是宝贵的历史文化遗产，应当批判地继承，做到古为今用。同时，我们还应大胆借鉴国外高校的学生管理经验，去粗取精、去伪存真、融会提炼、博采众长，做到"洋为中用"。这样才能构建起具有中国特色的高校学生管理的理论体系，并以此指导我们的实践，形成高效的、有益于大学生身心健康成长和成才的学生管理模式。

第四，加强科学研究，注重实践探索，不断发展高校学生管理工作的理论体系，推动高校学生管理工作模式健康运行。尽管学生管理工作有着丰富宝贵的实践经验和悠久的历史传统，但就总体情况而言，它与不断发展的中国特色社会主义的形势和发展趋势还存在着某些不适应，还面临着许多亟待解决的问题。无论是从理论要求上，还是从实践需求上，都需要科学化、理论化、法制化、人性化等诸方面的规范。因此，作为学生管理工作者，必须加强学生管理工作的科学研究，大胆探索，不断创新，切实把握学生管理面临的新问题、新内容和新特点，努力用新方法、新思路和新手段去适应学生管理的新规律和新形势，使学生管理的理论与方式与时俱进，不断丰富和完善。

第五，以理论创新推动实践创新，促进学生工作的科学化、法制化和人本化。虽然高校有办学的自主权，可以根据自身的特点制定符合本校实际的学生管理制度与规定，但这些规定不应与国家的法律法规相悖，不能违背大学生的成长规律，不能违背人性特点，不能违背社会主义办学方向与学生全面发展的最高宗旨。如何体现其管理制度的科学化、法制化和人本化，就有一个理论研究的问题。不仅需要研究法律与青年学的相关理论，还需要研究管理学方面的理论，同时更应注重将管理学、法律学、青年学有机结合起来，形成理论上的创新，推动实践创新。因为，大学生的管理不是一般的管理，而是一种对青年的管理，这种管理是要将这些有着一定知识的青年培养成德智体美全面发展的人才的管理，换言之，这种管理的最高宗旨是要促进学生全面发展，使其成为国家的建设者和接班人。这就使学生管理工作牵涉到一系列的理论研究与实践探索，这就是现实交给学生管理工作者的光荣而艰巨的任务。

第四节　高校学生管理的特点和作用

高校学生管理是学校管理的一个重要分支，是学生管理理论与实践的高度综合与概括。半个多世纪以来，我国高校学生管理的实践证明，对大学生的成功管理，必须以马克思主义理论为指导，必须与时俱进，必须从我国的实际情况出发，同时又要遵循高校管理的基本规律，把握住高校的特点。只有这样，才能使高校学生管理产生积极的效益，确保学生成才。

一、高校学生管理的特点

（一）政治性

管理是一种有目标的活动，管理工作必然具有某种方向性。这种方向性在特定的时期体现为政治性。当前，高校学生管理必须紧紧围绕着为全面建设小康社会，为中国特色社会主义培养合格人才这一中心目标服务，这是我国目前高校学生管理工作中一个本质特点。学生管理工作作为一种手段，是为教育方针服务的，而教育方针是一定时代的政治、经济和文化等现实在教育领域的反映。众所周知，中外教育史上都有重视德育的传统，但不同时代、不同社会，其德育中德的内涵是大不相同的。例如，欧美等西方国家与中国都在教育中强调了人本思想，但由于政治、文化的不同，欧美学校教育中的"人本"是个人本位的人本思想在教育中的反映；中国教育中的"以人为本"则是一种以广大人民群众利益为本的集体本位的人本思想，或者说是"民本"，因此其本质意义是大相径庭的。欧美等西方社会强调的个人本位"人文"教育，其目的是为他们的社会培养接班人；中国作为社会主义国家强调的集体本位思想政治教育，是为中国特色社会主义事业培养建设者和接班人。这就是教育方针的政治性。学生管理无疑是要为教育方针服务的，当然也就不可能不在其工作中体现出政治性。学生管理工作的政治性，决定了学生管理工作者必须具备应有的政治素质，不断提高自身的政治敏锐性，时刻关注政治局势，把握大局，保持与党中央的高度一致。

（二）针对性

学生管理既然是管理，就不可能离开管理学科的特点，它不可避免地要吸收国内外相关管理科学方面的理论知识体系和工作经验。但大学生管理不同于一般的管理，它有着自己的特殊性。这些特殊性至少表现在以下四个方面：

一是管理的对象是大学生（社会角色而言），他们本身就是一个特殊的社会群体，是一群掌握着一定基础知识和专业知识的潜在人才群体；二是管理的对象是青年（生理心理角色而言），他们处于血气方刚、激情澎湃、感情冲动、充满朝气的人生阶段；三是这种青年群体与军事编制中的军人青年群体是不同的，他们的首要任务是学习，而非战斗；四是管理的对象是正在接受知识教育和思想道德教育的青年群体，他们是一个处于想独立而在经济上又不能独立的半独立状态的青年群体。上述四个方面的特点决定了高校学生管理的针对性，决定了高校学生管理必须涉及青年学、生理学、心理学、教育学、人才学和管理学等诸方面的知识体系。

从青年学（含生理学、心理学）的角度而言，我们应当看到，大学生管理面对的是一群有血有肉、生龙活虎和朝气蓬勃的年轻人，他们的世界观、人生观、价值观尚未完全定型。要管理好他们，就必须研究了解他们；要研究了解他们，就必须把握时代特征；要把握时代特征，就必须弄清楚这个时代的政治、经济、文化及科学技术发展的大方向。

从教育学的角度而言，高校学生管理必须有利于青年大学生的成长，必须符合教育规律。换言之，就是大学生管理必须按教育学、人才学所揭示的规律来进行。比如，大学生德育、智育、体育之间的关系如何在学生管理中有机融合的问题；知识的获得与能力的培养如何有机协调的问题；尊重学生个性与学校统一管理如何获得有效一致的问题；课堂教学与社会实践如何结合的问题等，都是需要认真研究探索的。

从管理学的角度而言，科学的管理从本质上讲是法治化、人性化的管理。管理的有效实施离不开规章制度的建设，而法律与规章制度的制定往往是以一定的理念为指导的。在法学中，指导法律制定的是法理（法律理论）；在政策学中，指导规章与政策制定的是政治理论和与政治理论相关的哲学理论。由于法律与规章及政策两者所针对的都是人，所以，两者都离不开对人的理性化认识。也就是说，如果一种规章制度是与受它管束的人的本性相悖的，是非人性化的，那么，这个规章制度必然得不到良好的执行，即使执行了，也会带来许多负面影响。对于学校来说，这种负面影响必定是不利于学生成长和人才培养的。

（三）科学性

对于大学而言，建立一套集德、智、体及日常生活管理于一体的系统管理制度，其实质是一种约束和规范，即把学生的思想、情感、行为和意志等引导到国家所倡导的培养目标上去。这一活动目标的实现，要求制度具有科学性。而高校学生管理制度的科学性至少包括以下几个方面的内涵：

第一，符合法律法规。即要求我们的学生管理制度符合国家的法律法规精神的要求。

第二，符合学校的实际。学校的实际包括学校的层次类型以及学校所在地的地域人文风情。

第三，符合大学生的生理心理特点。这就要求高校的学生管理制度制定者必须了解学生，既了解大学生的实际情况，又清楚我们的培养目标与要求。

第四，具有可操作性。作为管理制度，尽管有理论指导，又与理论有所不同，其最大的特点就是它必须具有可操作性才能真正达到管理的目的。没有可操作性的所谓制度，再好也只能是理论上正确而不能执行的制度。如果不顾实际情况，不根据发展了的政治、经济形势和法律规章而坚持推行在原来的形势下制定的相关规定，其结果必然是"无法操作"的无效制度，导致的最终结果是不利于高校的发展、学生的成才，更不利于党的教育方针的有效实施。

二、高校学生管理的作用

（一）加强校园环境文化建设，提升服务学生能力

校园环境文化可称为校园物质文化，与精神文化相对应。它是校园文化中的基础系统，是校园文化建设的前提，是精神文化的有效载体和实现途径，也是校园文化的直观体现。

第一，重视校园"硬环境"的建设。所谓"硬环境"又称物质环境，主要包括校园建筑、校园景观、教学设施、体育文娱设施及周边环境等。这些能看得到、摸得着的实体无不反映学校的教育理念和精神风貌，物质环境是开展育人活动不可或缺的基础和物质保障。因此，这就要求学校加大对"硬环境"的投入力度，尽可能地完善校园基础设施，为师生开展丰富多彩的教学活动、文娱活动提供重要的载体，使师生学有其所、乐有其所。在打造校园"硬环境"的过程中，各类建筑和设施应达到美感教育的标准和功能丰富化的要求。如校园建筑，包括教学楼、图书馆、宿舍楼、体育馆等，作为学生学习和生活的重要场所，应具备实用与艺术的双重功能，愉悦学生的身心，使学生在不知不觉中受到影响和启迪。同样，校园景观建设也应达到使用与观赏功能的统一。校园的园、林、水、路、石等人文景观有助于陶冶学生情操，塑造学生美好心灵，激发学生进取精神，促进学生身心健康发展。学生在优美的校园环境中成长，有助于激发其爱校热情，有利于学生管理工作的实施。

第二，重视校园"软环境"建设。"软环境"是相对"硬环境"的一个概念，也是一种精神环境，主要包括校园内的人际氛围、舆论氛围等。人际氛围主要指校园内的各类人际关系，包括教师与学生、学生与学生、教师与教师、领导与教师之间多层次的人际关系。每个人都不是孤立存在的个体，高校学生所有的学习和娱乐活动都是在与人交往的过程中实现的。大学是个小社会，社会交往是大学生社会化的根本途径。学生通过社交建立起相对稳定的人际关系，人际关系网对学生的一言一行和身心发展影响重大。和谐的人际关系有利于维护校园秩序，使

学生形成正确的是非观念。因此，教师在学生人际关系形成的过程中应发挥主导作用，避免学生发生孤僻、嫉妒、自卑等社会交往问题，正确引导学生坚持平等、相容、理解、信用等交往原则，远离习惯不良、思想扭曲的人，选择道德高尚、心地善良、积极进取的人交往。此外，教师作为学生间的裁判员，应坚持公开、公平、公正的原则化解学生间的矛盾，解除学生间的误会，做到不偏私、不歧视、不主观。

（二）加强校园精神文化建设，营造和谐育人氛围

第一，重视传统教育。习近平总书记在 2013 年全国宣传思想工作会议上指出，要"讲清楚中华优秀传统文化是中华民族的突出优势，是我们最深厚的文化软实力。"可见，传统文化对于公民形成正确的价值理念、行为规范、理想信念尤为重要。党的十八届三中全会在全面深化教育领域综合改革的决议中提出"全面贯彻党的教育方针，坚持立德树人，加强社会主义核心价值体系教育，完善中华优秀传统文化教育，形成爱学习、爱劳动、爱祖国活动的有效形式和长效机制，增强学生社会责任感、创新精神、实践能力。"中华优秀传统文化是中华民族的根基和血脉，也是大学生身心成长的指路明灯。高校教育工作者要坚持"取其精华、弃其糟粕""传承与创新相结合"等原则，通过各类教学和文化活动，如实践教学、演讲比赛、征文大赛、文艺会演等活动形式，传播优秀的传统文化，其中包括天人合一的和谐精神、自强不息的进取精神等。同时，深刻挖掘学校的文化底蕴和历史传统，讲清楚学校的历史和文化，使学生感受到学校的魅力所在，从而激发学生的自尊心、自信心以及爱国、爱校情怀。学生管理工作者只有本着与时俱进的原则，融入先进的教育理念，方能不断深化校园精神文化。在优秀传统文化熏陶成长下的学生，更易于塑造健全的人格、培养高尚的品格，这与学生管理工作的目标相一致。

第二，加强校风建设。校风即学校的风气，是一所学校鲜明的个性特征，它体现在全体师生的精神风貌上。校风是一个多层次、多要素的动态系统结构，涵盖教风、学风、作风、班风、舍风等各类校园风气。良好的校风有利于学生思想

品德、道德情操、行为习惯的形成。因此，校风建设是育人的关键环节。教师是人类心灵的工程师，加强师德建设、提高教师的业务素质有利于形成良好的教风。良好的教风对学生汲取知识、培养能力意义重大。班级是学生获取知识和提高素养的主要场所。和谐、向上的班集体对学生的学习兴趣、道德品质、行为习惯和良好学风的形成有着促进作用。为加强班风建设，首先要对班级日常管理进行严格要求，用制度来约束学生言行；再者要营造浓厚的学习氛围，通过互帮互助、嘉奖优秀等方式激发学生的学习动力，培养学生良好的学习习惯，使每个学生都能成为群体的典范。此外，宿舍是学生生活起居的唯一场所。良好的舍风有利于学生养成好的生活习惯，如早起早睡、勤奋上进、锻炼身体、读书看报等。好的生活习惯对于学生进入社会、成家立业有着长远、深刻的影响。为加强舍风建设，需要严格宿舍制度，对于不遵守宿舍制度的学生加以管教和约束。还要发挥学生干部和学生党员的榜样作用，带动普通学生养成健康的生活习惯。

（三）加强校园制度文化建设，建立完善规章体系

第一，完善规章制度体系。校园规章制度是全体师生共同遵守的行为准则。对于学生来说，规章制度犹如一面镜子，时刻提醒学生正其观、端其行，避免违反纪律、误入歧途；对于学校来说，规章制度是学校文明的标志，学校力求在育人实践中加强"制度化、科学化、规范化"的管理，努力使各项工作有章可循。严格的规章制度能保证教学工作的顺利推进，是学生成才的重要保证。因此，建立和完善科学的规章制度体系尤为重要。随着高校教育改革的不断推进，高校的制度建设也应朝人性化、科学化的方向发展，尊重学生的人格、倾听学生的诉求，使师生关系更加和谐、学生管理工作更容易开展。同时，规章制度的制定应具备科学性、合理性、可操作性等特点。缺陷重重的规章制度不能起到约束、教育的作用，会影响校园文化的整体建设。规章制度自身的完善是规章进入执行程序的前提，是学生管理工作顺利推进的保障。

第二，提高规章制度执行力。学生管理工作以学校各项规章制度为依据，规章制度的执行力影响着学生管理工作的成败。科学的规章制度是学校各项工作开

展的保障，但若有令不行、有章不循，有错不罚，则再好的规章制度也是纸上谈兵。所以，提高规章制度的执行力是保障各项制度落到实处的根本途径。学生管理工作者在执行规章制度的过程中应做到事前防范、事中控制、事后监督。事前防范，可以防止违纪行为的发生，并减低管理成本、减少管理压力；事中控制，可以保证制度的严肃性，使制度在公平、公正的原则下运行，防止事态偏离正常轨道；事后监督，对制度执行者和制度执行情况进行考核，可以不断完善制度体系，使制度更加科学、合理。除此之外，应不断加强学生的思想政治教育工作，使学生认识到遵纪守法的重要性和违法乱纪应付出的沉重代价，积极号召学生自觉遵守规章制度，做到自尊、自爱，使每一个学生都能成为遵纪守法、道德高尚、素质优良的时代典范。

第五节　高校学生管理的方法研究

随着教育体制改革的不断深入，高校招生规模逐步扩大，学生人数急剧增加，但教学质量却出现了不同程度的滑坡。这一矛盾成为当今高校急需解决的问题之一，同时对高校学生管理工作也提出了更高的要求。学生管理是一项普通而烦琐，但又需要理论与技巧的工作。本节主要从教师和学生两个角度，对学生管理工作的方法进行阐述。

一、认知学生，了解思想，分类施教

有人比喻：班级是铸造学生灵魂的熔炉，班主任是铸造学生灵魂的工程师。班级中的每一位同学，都是可塑造的能动对象，班主任的使命是培养教育好每一位学生。因此，要做好这项工作，必须有朋友之情，慈母之爱，与学生建立和谐的师生关系。

俄国教育家乌申斯基曾说过："如果教育学希望从一切方面教育人，那么就必须首先从一切方面了解人。"要想了解学生，就必须走近学生，认知学生。对学生的认知，教师是主体，学生是客体，主体只有对客体全面认识，才能真正了解学生的思想动态、生活经历、个性特征、兴趣爱好，等等，才能做好教育和引导工作。因此，认知学生，了解思想是做好学生管理工作的前提。传统的教师形象是"师道尊严"。但在今天，板起面孔，未必就有"师道尊严"。因此对学生严格要求的同时，也要放下面孔，融入学生，增强师生之间的友谊。让教师以朋友的身份，慈母的胸怀，去关心学生，呵护学生，使管理工作如春风化雨，滋润学生的心田，进而转化为进步的无穷动力，从而使师生之间形成一种良好的互动，使师生关系进入新境界。了解学生是施教的前提，与学生建立和谐的师生关系是施教的基础。在此基础上对于不同的学生分类施教则是做好管理工作的重点。

近几年来，由于激烈的竞争和快节奏的生活使大学生心理承受了越来越多的压力，于是一系列的人际关系、学业问题、就业压力、经济问题等也就接踵而来。

大学生在积淀知识的同时，也在渴求和谐的人际关系。但由于种种原因影响，需求难以得到满足。于是一些学生自我封闭，孤独感便成了他们心理上的重要问题。对于这部分学生必须高度重视，否则会引发无聊的发泄、打架、酗酒，甚至自杀等极端行为。要花大量的时间走入他们的生活，要使他们相信你，愿意倾诉心声，从而了解原因，找到突破口。通过开展专题讲座，共同讨论，角色转换，自我分析等方式帮助学生提高自我认识，认清自己孤独的原因，消除认知的障碍，减缓孤独的情绪，并且开展社交技能的训练，使学生逐渐走出自我，从而建立良好的人际关系。

大学的学习方式不再像高中时代那样由教师领着走，更多的是自由与自觉。这就使许多学生用了多年的学习方式不适应了，从而对学习产生了迷茫与困惑。一方面要求教师对他们加以鼓励，消除自卑心理，增强信心，注重学生自学能力的培养；另一方面请来高年级优秀的学生为他们传授经验，使之纳入学习的正常轨道，重新认识自己的能力，努力拼搏，掌握扎实的专业技能。

高校的扩招，使大学的教育由"精英教育阶段"向"大众教育阶段"过渡，大学人数逐年增加，就业形势日趋严峻，就业压力不仅仅存在即将毕业的学生中，往往大学生一入学就背上了沉重的负担。针对这种情况，首先，教师要开导学生，释放压力，看到自我价值，变压力为动力，以轻松的心情投入到学习中去；其次，请来专业人士为学生进行就业指导，并通过网络为学生搜集最新的就业信息，为学生提供良好的后勤服务；再次，在不耽误正常课程的情况下，有针对地指导学生，考取一些职业资格证书，以扩大就业途径。

家庭贫困的学生，比同龄人更早地感悟了自立自强的深层内涵，但也往往容易形成自卑焦虑，自闭被动，甚至走向极端自我放纵的心理。这群学生比较敏感，有时不恰当的特殊关怀反而会触发其自卑心理，效果适得其反。要做他们的良师益友，必须通过真心付出，首先使他们对教师产生信任感，消除心理屏障，在心与心的交流过程中有针对性地为他们解决实际困难。因势利导地发挥人的自尊心的积极因素，使他们克服心理上的消极因素，逐渐增强自尊、自信、自强的健康心理。同时积极树立他们身边的在逆境中发奋成材的典型，帮助他们正确理解和看待现实生活中的困难和挫折，树立战胜艰难困苦的信心和决心，树立面对困难的自信和吃苦耐劳的信念，并积极实现"自救"的办法，使自立自强真正成为当代大学生的自觉意识和行动。

二、言传身教，严以律己，为人师表

孔子曾说过："其身正，不令则行，其身不正，虽令不从。"这是教师道德的一个重要规范，也是教师做好教育工作的重要保证。教师"不是用物质工具去作用于劳动对象，而是用自己的思想、学识和言行，以及自身道德的、人格的、形象的力量，通过示范的方式直接影响着教育对象"。因此，教师在教育、教学、生活各方面必须严格要求自己。

古人云：人而无信，不如其可也。说明一个人在社会上如果不守信用，是站不住脚的。首先，教师必须诚实守信，端正师风。作为教师更应时时表里如一、言行不二，这样才能在学生面前树立良好的形象。在学生面前不说假话，套话。法国古典主义学者布瓦洛就强调，"只有真才美，只有真才可爱"，做到讲话有根有据。一旦对学生有所许诺，就要一定兑现。尤其是对于学生提出的生活、学习方面的问题更尽全力帮学生解决；通过召开不同形式的学生会议，不断征求他们的意见，自觉反省，对合理化建议吸收，采纳并运用到管理中，及时纠正个人的失误；其次，与时俱进，学无止境。

三、多方了解，抓住苗头，防患未然

由于受社会环境和家庭环境的影响，现在多数的大学生感情脆弱、容易冲动，不知关心他人，自私自利。正如杨启亮先生所说："现实的青少年重视自私自我却唯独缺乏自责自讨，缺乏对他人的自觉；而自我中心的功利主义则极容易导致为利而忘义，为一己之小利而失大道义；不耐艰苦，不耐挫折，心理脆弱。"这就要求教师时刻注意学生的动态，防患于未然。

宿舍是学生中最易发生问题的场所。宿舍内部成员做事方式往往是不统一的，进而常常会产生处理问题上的冲突。对于这些，要注意观察他们外部的言语、表情和行为的变化，掌握其思想脉搏，善于捕捉异常行为之前的一些异常情绪，及时把问题解决在萌芽状态。否则，往往会因年轻人的气盛导致不堪设想的后果。

教育的根本任务之一是教会学生学会做人。学会做人是立身之本；学会知识、掌握知识只是服务社会的手段。前者的学习是根本的，后者的学习是工具的。忽视学生思想品德的塑造，必然导致学生有智商没有智慧；有文化没有教养；有目标但没有信仰；有青春但没有热血。这样将是非常危险的。从这个意义上讲，教育事业首先是一项杰出的道德养成事业。教育不仅是文化的传递，更是人格的塑造。道德人格、道德品质的培养比谋生手段的训练、竞争能力的培养、专业知识的学习更难、更根本、更重要。一个堂堂正正的人能做好任何一件事情，一个机械化的人只能机械的完成一件事情。人品第一，学问第二，道理就在于此。

加强学生的道德教育，首先要通过传承中华美德，弘扬民族文化，贯彻社会主义道德风尚，培养道德素质；其次要改变教育方式。长期以来，我国学校道德教育中占主导地位的是"教师专制"，即教师凭借制度安排的地位，年龄长于学生，知识多于学生，人生经验丰富于学生，学生在被动中接受教师的教诲。

第四章 高校大学生管理工作的创新

第一节 高校大学生管理工作理念的创新

高校大学生管理工作是高校学生工作的一个重要内容，是关系到学生成长、成才的重要因素。新形势下的高校学生管理工作面临着许多新情况，招收人数增多，就业压力增大，给高校从事学生管理工作的学工干部、辅导员提出了新的目标和挑战。这要求我们的管理工作者必须转变工作作风和工作态度，加强学习，提升素质，真正体现以生为本的育人理念，以适应新时代的发展要求。

高校的安全、稳定是高校学生管理的一个主要环节，涉及学校的教学秩序和人才培养目标的落实，也涉及大学生的健康成长和发展。因此，高校管理工作意义非常重大。20 世纪末开始，我国高校人才培养任务发生了重大改革，高校扩招导致大学生数量的大幅增长。既给高校的管理工作增加了许多压力，也给高校管理者提出了诸多要求。由此而产生的许多新情况、新问题，给学校管理者提出了新的挑战。面对新形势、新要求高校学生工作者必须创新学生管理新模式，改变传统的管理手段，要把服务放在首位，通过服务学生体现管理，以提高学生的综合素质和能力。

一、高校学生管理工作在形式上要创新

随着我国高等教育进入发展的关键时期，高校的学生管理在方法上、内容上发生了诸多变化，高校学生管理工作面临着新的挑战，新问题。

第一，学生的组成发生了重大变化。高等教育在我国已成为大众化教育，再

加上降低或取消了高考的设置门槛，包括年龄等，使得越来越多的不同年龄层次、不同社会经历、不同专业的人依靠自己的能力，都有可能接受高等教育。除了数量上大幅增加之外，年龄结构，知识层次等都发生了很大变化。这就给学生管理加大了难度，增加了不少工作量。

第二，学生的理念发生了较大变化。随着改革开放的不断深入，学生的总体目标不会改变，但对个人的追求和发展空间或多或少受社会思潮的影响，少部分学生追求的价值理念发生了变化。尤其是价值目标、职业定位、个人理想等，少部分学生变得庸俗，就是这少部分同学，导致学校管理者要耐下心，入脑入心给他们讲、说，重树他们的理想信念，这要求学校管理者要在工作方法上创新。

第三，学生的维权意识增强。在法治观念越来越强的今天，提国家倡依法治国，高校提出依法治校，大学生认为自己是缴费上学，学校有义务做好所有学生的一切服务，使他们的主体意识进一步增强，稍有不如意就要维权，这确实是学生理念的一大进步，使学生享受到了更多权利和义务。但个别学生由于不好好学习，导致学业挂科、留级或开除等，学生认为他们是教育的投资者，学校没有权利给他们任何处分。这要求管理工作既要熟悉校纪校规，又要懂法律知识，要求学生管理干部要不断加强学习，增强自己的工作能力。

二、高校学生管理工作在认识上要创新

高校学生管理者要认真谋划，要认识到学生管理的重要性，要迎难而上，要在思想认识上有所创新。

第一，坚持以生为本，确立学生至上理念。学校要充分认识到，没有学生就没有学校，就没有学校的一切。所以高校要本着对学生高度负责的态度，把学生作为高校的主体，把学生当作第一服务的对象，学生的满意才是我们的追求目标。对学生既要严格管理，又要关心爱护，工作思路要清，举措要明，方法要新，采用各种方式潜移默化影响学生，教育学生，使他们健康成长。学生管理作为人才培养的重要环节之一，高校应当确立以生为本的理念。树立这种理念和认识是对学生管理的工作要求和目标要求，使他们在思想上重视，行动上落实。只有把"以

生为本"落实了，才能体现出育人的真正目的和意义，育人理念就成为在学生管理工作中的一项重要内容，是学生工作的根本出发点，也成为培养学生成长成才的关键任务。那么，培养高素质人才成为高校学生管理的首要任务，培养学生养成自主性学习的良好习惯，把立德树人渗透到学生培养的全过程，努力使他们掌握过硬的专业技能，激发学生的内在动力，努力使学生成为一个有价值追求的合格建设者和接班人。

第二，打造优良学风，提升质量至上理念。加强学风建设既是高校育人目标的客观要求，也是培养基础扎实、知识面宽、能力强、素质高、富有创新精神的高素质人才的重要环节。学风建设这是一项各高校都非常重视的教育环节，各学校把抓学风放在了教育学生的首位，只有坚持不懈地抓紧抓实，才能收到实效。学风建设直接体现了高校学生的管理水平，对大学生的管理一定要培养他们的成才意识，方法要创新，目标上定位要准。可采用多种形式的教育活动，利用主题班会、团日活动、讲座、座谈、研讨等方式提高学生对学习的认识、态度，使学生养成踏实敬业，认真钻研的学习精神，高校学生管理者只有通过这些有效的活动、科学规范的管理，才能提高学生的学习成绩和综合能力。高校学生管理者还要和任课教师积极主动配合，既可通过任课教师严抓课堂教学纪律、严格考勤和作业检查，也可由高校管理者抽查，以此确保学校的教学秩序正常。并且要根据检查结果，提出整改的措施和目标，对旷课、逃课的学生进行谈话，重点分析他们缺课的原因，适当的时候还要进行心理辅导。尤其还要重点关注夜不归宿、上网聊天、打游戏等荒废学业的学生，建立和完善各项制度，还要定期与学生家长取得联系，把学生中存在严重影响学习和健康的一些事及时告知家长，让家长及时了解孩子，把家庭教育与学校教育有机结合起来，确保学生健康发展。

第三，明确培养目标，树立服务至上理念。教育、管理、服务作为高等学校育人的一种理念，已经深深地渗透到学生成长成才的各个环节。传统的学生工作管理已跟不上时代的潮流，已经不能很好地为教育服务，这就要求学生工作的管理理念要创新，要紧跟时代的步伐。高校需对三者之间的目标定位要准确，要重新审视它的内涵意义，这就要求学生管理工作者要转变思想观念，转变工作思维，拓宽管理视野和服务质量，自觉为学生成长成才，目标培养，确立服务至上的理念。学生管理必须从传统的管理模式中解放出来，健全管理制度，改进工作方法，注重人性化管理，真正落实以生为本。在管理的内涵中，要发挥人的主观能动性，切实结合制度，联系工作实际，倡导服务理念，在正面引导和反面惩戒方面，要发挥教育的能动作用，以教育为主，惩为辅。通过正面教育引导，激励和鼓舞学生来激发学生成才的内在动力，从而使学生明确什么是对的，什么是错的，哪些事能做，哪些事不能做，规范自身行为，正确选择适合自身发展的学习技巧和生活方式。

三、高校学生管理工作在措施上的创新

第一，构建立德树人理念，树立全员育人意识。国家"两个一百年"的目标确立和"中国梦"的宏伟蓝图的绘制，给高校教育提出了更高的要求。把立德树人作为高等学校育人的新理念，给高等学校指明了方向，就是要培养有理想、有追求，志存高远的社会主义建设者和接班人，既要有崇高的道德情操，还要有扎实的理论知识；既能心系祖国安危，又要热爱社会事业，能真正落实好社会主义核心价值观，把立德树人放在首位。这要求学校育人不仅仅是教师或学生管理者，应包括全体成员，这就涉及方方面面。要树立全员育人的大局意识，学生管理工作不仅是学生工作者的任务，也是全校教职员工的任务，要在全校教职工中树立"全员育人"的思想理念，形成人人都关心学生，关爱学生，关心他们的成长，关注他们的发展，在高校中形成一种育人的氛围。

第二，凝聚学工管理队伍，夯实学生管理水平。要使学生工作水平上台阶，必须强化这支队伍的工作作风和工作态度，使他们向职业化、专业化、专家化方向发展。职业化学生管理工作就是让学工干部树立终身职业理想，热爱这个岗位，按照教育部的要求 1：200 配备专职辅导员，但各高校基本上还未达到这个比例，所以，基本就形成了"以专职为主体，以兼职为骨干"的学生工作队伍。大多数学工干部缺乏专业的培训，因此专业化程度相对较低。所以，从人员编制、专业培训、职称待遇等方面入手，主动关心学工队伍的发展，在职称评审时指标单列，

在提拔干部时把做过学生工作作为重要指标参考，解决他们的后顾之忧，从而切实解决学生工作人员不安心的现状。另外，学生工作队伍要养成一种爱岗敬业，甘于奉献的精神，既要潜心研究的学问，又要立志从事学生管理工作，做到理论联系实际，努力向专家化方向发展，使学生管理工作水平再上一个新台阶。

第三，落实全面素质教育，创新学生管理理念。学校的目标是培养德、智、体、美全面发展的社会主义建设者和接班人。所以大学生是祖国的未来和希望，提升他们的综合能力就显得更加重要，各高校要把实施学生素质教育工程放在人才培养的首位，把培养创新精神和实践能力作为培养学生的目标。教育和引导学生要积极参加素质教育培训，形成自觉学习的良好氛围，还要加强对全校师职员工的教育培训，让全体人员参与到学生的素质教育上来，做到一切为了学生，为了一切学生。另外，在素质教育中要强化职业能力教育和职业生涯规划，各年级要有不同的目标和侧重点，新生进校时要抓好他们品德教育，要树立远大的理想，从一开始就要养成良好的学习态度和进取精神。大二、大三重点进行专业教育和业务能力培养，既要有扎实的理论基础，还要有处理和应对突发的困难和化解矛盾的能力，毕业前要对自己的职业理想、目标途径、价值追求都要有一个总体规划，在这些能力具备的基础上还要创新。因此，无论条件多么艰苦，创造条件也要牢固确立"以生为本"的理念，把学生真正培养成为有理想、有目标、有追求的社会主义建设者和接班人。

第二节　高校大学生管理工作模式创新

在新媒体时代，融合了信息化技术与互联网技术的优势，高校管理工作中，大学生教育管理工作是重要的组成部分。伴随着社会经济的发展，高校教育管理工作也在不断创新发展。高校应结合大学生的情况并以新媒体为技术背景对大学生开展具体管理需求的调查并结合情况给出具体应对策略，对工作方向加以调整，不断创新发展，才能满足新时期下大学生教育管理工作需求。本节针对高校大学生教育管理工作创新模式展开研究。

新媒体是新的技术支撑体系下出现的媒体形态。如数字杂志、数字报纸、数字广播、手机短信、移动电视、网络、桌面视窗、数字电视、数字电影、触摸媒体等。相对于报刊、户外、广播、电视四大传统意义上的媒体，新媒体被形象地称为"第五媒体"。高校的教育管理人员平等对待各类学生群体，不管是经济条件优越的学生，还是经济条件较差的学生都应该依照统一的道德标准严格要求，公平解决两种群体之间产生的所有矛盾，给予每个学生尊重和爱护。如果高校管理人员区别对待学生，会导致不良后果。如经济条件优越的学生变得自负，经济条件较差的学生产生自卑心理，心理不健康会使得学生误入歧途。

一、新媒体背景下的高校大学生教育管理的理念

高校大学生的教育教学方法与新媒体有效结合，利用新媒体的传播内容丰富高校大学生的学习氛围，提升学习积极性，具有很好的广阔的前途。高校教育管理人员应该给予学生不同的生活体验，如提议让条件优越的大学生群体走进偏远乡村学生群体的生活，体会百味人生，感受不同生活的乐趣，也让其感受到金钱得来不易，进而珍惜父母的劳动成果。

高校管理人员还应该给予经济条件不好的学生一些鼓励和帮助，让其可以在高校中很好地生活。高校管理人员可以为其提供勤工俭学的通道，给其更多的改变自身经济条件的机会。高校管理者对所有大学生都应该关心和爱护，然后展开教育活动，帮助其树立正确的人生观和价值观。对于经济条件不同的群体，高校教育管理者应该平等对待，并且努力为其创造一个平等的、优质的学习环境。

高校管理人员可以给予学生适当的心理辅导，让其可以保持正常的心态对待每一件事。作为高校教育管理的工作人员，每天会面对各种类型的学生，工作人员的每个决定都会影响学生的未来，所以工作人员应该给予每个学生爱护，让其可以健康成长。平等对待每个学生，让每个学生都可以获得公平的待遇，可以使学生正常成长，便于后期的教学，也利于学生综合素养的提高。

二、新媒体创新大学生教学方法模式的侧重点

新媒体是一个宽泛的概念，利用数字技术和网络技术，通过互联网、宽带局域网、无线通信网、卫星等渠道，以及电脑、手机、数字电视机等终端，向用户提供信息和娱乐服务的传播形态。严格地说，新媒体应该称为数字化新媒体。

（一）教育管理要以学生为本

高校大学生的教育管理工作要想实现创新发展，就必须明确教育管理工作侧重点。高校教育的主体是大学生，因此应牢固树立以学生为本的教育管理原则，不能仅以高校的专业课堂为中心。高校教育管理工作应明确大学生群体的需求，根据学生在高校专业学习中主体需求，不断改进教育管理模式，强化高校师生之间的交流沟通，营造良好的高校教育教学氛围，促进学生的综合发展。

（二）注重引导大学生健康发展

新时代高校大学生教育管理工作应注重引导大学生的身心健康发展，这是保证大学生成长为优秀人才的重要教育环节。大学阶段的学生来自不同的地区，学生在成长背景、家庭条件等方面的各种情况都不尽相同。因此，为避免部分学生出现心理问题，高校教育管理工作中必须做好学生的心理指导教育，开设针对高校大学生的心理健康咨询室，聘请专业的心理咨询师来定期为学生进行心理健康指导，促进高校大学生身心健康发展。

（三）锻炼大学生的社会适应力

高校教学管理工作的宗旨在于综合提升学生的各项能力，提升素质，为学生步入社会奠定良好基础。而目前高校大学生在社会适应能力方面较为缺乏，因此在高校教学管理工作中应重点培养大学生的社会适应能力。高校教学管理工作中要引导学生进行良好的自我管理，通过合理的管理方式调整自身、控制自身，锻炼坚忍不拔、艰苦奋斗的意志。同时高校可以通过教学管理大力支持校园社团活动，让更多的高校大学生通过社会实践锻炼社会适应能力，通过感受社会，融入社会，从而使高校大学生面对社会更加独立自信。

三、新媒体背景下高校大学生教育管理工作创新模式的策略

（一）新媒体应对互联网信息时代的创新

高校大学生教育管理工作要保持新媒体的教学积极性，还要加强新媒体的教学融合，要引导学生发挥创新创业精神，抓住互联网的时代契机，转变大学生对待网络的心理，引导大学生正确使用网络，避免沉迷于网络游戏和虚拟事物中。高校教育管理可以引导学生以互联网行业为就业方向，发挥大学生的个性特点，互联网行业局限性较小，针对学生的爱好和兴趣，高校教育管理工作应注重引导学生进入互联网高科技领域发展。例如高校可以举办网络科技比赛，让学生感受互联网高科技发展的乐趣，如深入到软件开发、网络服务以及游戏开发等领域，通过这些实践活动，积累行业经验和技能，促进大学生综合素质的不断发展。

（二）强化对大学生的思想教育

高校教育管理工作应贯彻中国特色社会主义教育发展之路，致力于培养德智体美劳全面发展的高素质人才，强化对大学生的思想引领，明确新时代社会人才培养思路，以立德树人为教育宗旨，全方位培育新时代有理想、有目标、团结奋进、积极进取的高校大学生人才，为实现中华民族伟大复兴的中国梦培育优秀的社会主义接班人。高校教育管理应结合中国特色社会主义教育方针，引领大学生的思想风潮，以学生为教育主体，促进大学生人格升华。

新时代高校教育管理在学生思想引领层面要结合教材、课堂教学，提升学生的思想高度，让学生主动探究、了解马列主义的思想内涵。此外，高校教育管理工作要遵循"三因"原则，即因时而进、因势利导、因事而化，让学生提高自身的思想觉悟，全面深化高校教育管理工作创新模式，促进新时代高校教育健康发展。

（三）利用新媒体注重培养大学生的人文素质

新媒体的融合在培养高校大学生自我人文素养与各项综合素养指标上做出新层次的引导，让大学生学习如何提升自我的学习动力与学习氛围，保持较好的学

习节奏，掌握一种正确的学习思路。

高校教育管理工作中号召人文素质教育不仅能够培养大学生优秀的道德品质，塑造健全的人格，同时也能进一步提升高校大学生创新创业意识，提高社会适应能力。高校人文素质教育是树立大学生正确的人生观、价值观和世界观的重要途径，同时也是提高高校大学生自身素质修养的教学管理模式创新。在高校教育管理工作中，开展人文素质教育需要引导学生深层次地认识社会，将自身融入社会环境中，让大学生在社会实践中，掌握基本的社会初级技能和道德素质标准，这种人文素质教育同高校教育管理工作之间有着十分紧密的联系。高校教育管理的主要模式应以社会化的教育为主，推进大学生的职业素质教育，使学生养成诚实守信、服务为民的良好道德品质，促进高校教育管理工作模式创新发展。

（四）开发大数据教育管理模式

目前，在高校教育教学中，以大数据技术为主的互联网信息技术正加大与高校教育的结合力度，由此产生的大量高校教育数据，正在不断推动高校教育管理向着智能化、精准化的创新工作模式转变，有助于国家推进高校教育改革，促进高校教育现代化发展。

此外，应用大数据构建高校教育管理的全方位评价体系，能够提升高校教育管理工作的科学性、合理性，从而更好地促进我国高等教育发展。

（五）利用新媒体技术推进高校专业的内涵建设

新媒体技术推动下，利用新媒体融合加强高校创新教育管理模式的过程中，要明确自身院校的专业优势，推进高校专业的内涵建设，这是创新高校教育管理的重要一环。每一所高等院校都具备自身不同的专业特色，而创新高校教育管理工作模式，就是重点突出高校自身的专业特色，拓展优秀的专业文化，推动高校的校园文化建设。

而要想推行高校专业的内涵建设，必须要具备良好的教育师资队伍。高校教师的水平是直接关系到学生未来发展，同时也关系到高校的教学质量。因此，加强高校师资队伍建设，能够有效提高高校专业教师的教学水平，是建设高校专业内涵的重要基础，同时也是顺应当今时代发展的必然趋势。高校要结合自身实际情况，着重发展特色专业，推动高校大学生教育管理工作创新模式，良性发展。

综上所述，高校大学生教育管理工作要想创新管理模式，就必须为学生提供良好的学习环境，坚持以学生为本的教育理念，关注学生的成长情况，注重心理健康引导，锻炼学生的社会适应能力。通过结合互联网时代创新教育管理模式，强化学生思想教育，注重人文素质培养，利用大数据推动高校教育改革和特色专业内涵建设，为学生综合发展奠定基础，推动我国高等教育发展。

第三节　高校学生社区化管理的实践

现行高校学生社区的管理模式存在着组织层次过多、缺少文化氛围支撑和岗位职责不明确等问题。高校学生社区化管理应本着学生参与的人本管理、统筹兼顾的便民服务、科学配置的可持续发展和打造品牌的优势整合的模式构建原则。一要创设"搭建平台、建立稳定组织，整合资源、提供高效保障，树立典范、建立内部激励"的模式运营机制。二要实施"借鉴企业组织结构模式、优化组织结构，明确人员分工、构建合理的社区管理团队，塑造良好社区文化、提升软实力"的模式构建措施。

一、高校学生社区化管理模式现状及问题

高校学生社区是学生学习、生活的地方，一般指学校内特有的地理区域通过教育资源的整合组建而成的集学生住宿、生活、学习的一个社区，同时具有延伸学校教育的功能。学生社区管理是为维护社区正常的学习和生活秩序、充分满足学生物质和精神等需要而进行的管理活动。

当前我国高校社区管理（从普遍性来讲尚停留在宿舍管理阶段）存在三种模式：传统管理模式、准社会化管理模式、完全社会化管理模式。在现实管理中我们发现高校社区管理存在三个共性问题。

（一）组织层次过多

在我国许多高校中存在着学生社区组织层级过多、管理幅度小、缺乏灵活性等问题，在信息传递过程中费时费力，且容易失真。在当今需要全方位信息联动的时代，组织层级过多带来的麻烦不断，形成了"肠梗阻"现象，在导致学生管理费用增加的同时，管理效益及水平反而下降，使学生、教师和各级管理者怨声频起。另外一个较为突出的问题是教师与学生、学生与学生、团队与团队之间的信息是相互独立，缺乏信息的彼此交融和自由流通，大大降低了学生社区结构的有效性，严重制约了学生社区管理功能的发挥，进而使学校管理及运行效率大打折扣。

（二）缺少文化氛围的支撑

组织取得成功的核心竞争力在于创新活动的开展，作为高校学生生活与学习载体的学生社区，理应在教书育人环节中授予学生适应社会竞争的知识架构。然而，当前我国高校在学生社区中还没有构建起作为支撑创新的文化氛围。

（三）岗位职责不明确，管理理念滞后

学生社区组织膨胀、人员冗杂是许多高校的通病，随之而来的就是人多岗少、缺乏团队协作与合理分工，使整个组织运行缓慢且缺乏竞争力。同时，在学生社区管理岗位中，社区老师和辅导员因职责重合而造成冲突的现象时有发生，并且存在着社区工作者缺乏以学生为本的管理意识，社区管理落后，导致学生工作难以有效开展。

二、构建高校学生社区化管理新模式

三亚学院从模式构建原则、运行机制和构建措施等方面尝试建立起一套值得借鉴、行之有效、促进现代大学制度更趋完善的学生社区化管理新模式。

（一）学生社区化管理新模式的构建原则

一个成熟的学生社区既要包容有不足或犯错误的学生且为其创造改正的机会，又要通过社区事务公开化将工作者的工作业绩、不足和失误向全体同学公

布，以获得他们的理解、支持和信任，这是一种巨大的激励。同时，社区管理部门要及时通过各种途径和方式激励社区工作者。此外，学生社区工作者也应该本着工作和自我的内在要求，从内心深处喜欢自己的工作，从内心深处激励自己做好工作。

1.学生参与的人本管理原则

人本原则应作为学生社区化管理新模式构建的核心，是科学发展观落实的具体体现。主要体现在以下几方面：首先，学生社区化管理新模式的构建要以学生的根本利益为出发点，更好地武装自己，提升竞争力；其次，学生社区化管理新模式的落脚点是充分满足学生的物质、社交、安全和文化等方面的需要；最后，发挥学生的"自主自治"精神，增强学生社区的融合性，提升学生的成就感。三亚学院学生社区针对不同学科领域学生的特长进行分类，如任用管理学院的学生担任助理，主要针对管理程序的设计与运行、学习型文化组织构建；起用社会发展学院的学生担任助理，对学生在学习、生活、心理方面的数据进行调查与分析，为学生社区的有效管理提供依据。

2.统筹兼顾的便民服务原则

坚持这一原则，先要确保各级职能部门的主要职能贯彻到学生社区各个领域，确保学校主要工作的运行，如教学活动不受社区管理的影响，使科研及行政管理工作能有序进行。然后把与学生管理密切相关的工作放到学生社区来统一开展，使学生能高效、快捷地把日常事务"一站式"办好。同时根据各学院的性质与特征，划分区域设立信息公告及咨询点。三亚学院实行辅导员下社区，让辅导员从行政办公室走出来，到每个学院学生集中的学生社区里面办公，通过学校提供的现代化办公环境，辅导员能在第一时间对学生的学习、生活和表现情况进行把控，并开展有针对性的教育与管理，促进了教学与学生工作的一体化管理，并能有效地完成学院的事务性工作。

3.科学配置的可持续发展原则

配置是指在资源数量一定的情况下，如何将有限的人力、物力、财力、技术以及信息等资源投向亟须的方面，获得最大效益，以求组织获得稳定、协调、持续的发展。学生社区要在资源有限的情况下进行职能设置与人员配置，大力建设服务型社区。把保障部门的服务职能与学生需求进行对接，贴近学生生活和社区来构建优质高效的服务机制。体现可持续发展的要求，从战略的高度适应社区与品牌、人力资本等方面的建设性、可持续性的基本要求。坚持学生社区管理的科学化、一体化、标准化、制度化，提升学生社区服务的档次。为提高配置效率与效益，三亚学院借鉴企业管理的经验，在学生社区创立了"三事"工作方法：立足岗位职责和所在团队"会找事"；注重目标达成和绩效提高"办成事"；跨边界支持和帮助合作者"多做事"。因此，学生社区服务质量和效率都有了大幅度提升。

国外众多高校的学生社区在建设中特别注重品牌效应，密切结合教育的动态和发展方向，取得了骄人的成绩。我国高校也需要结合学生社区的实际情况，进行优势整合，全面提升核心竞争力，打造特色鲜明的学生社区品牌。如三亚学院学生社区创建的"寝室文化节"的文明行为带动、"参与式养成教育"的纠错习惯养成、"友好环境建设"的和谐氛围促进、"校园归寝文化调查"的制度执行与督导、"他（她）是谁"的师生互动和"走遍社区"的整体与全局视角培养等已逐步成为有一定影响力的品牌活动。

（二）学生社区化管理新模式的有效运行机制

有效的运行机制，必须有合适的、稳定的运行组织与平台，必须有合理的、高效的资源配置及利用，必须有可行的、被认同的激励措施和典范。

1. 搭建平台，建立稳定的组织机制

高校学历继续教育人才培养质量观主要有两种：一种是学员学科知识理论扎实、专业基础牢固；另一种是学员实践能力强、综合素质高。如大众化以后的高校教育面临的变化首先就是学历继续教育学员的专业水平比过去低，且参差不齐，社会却对学员素质呈现出多元化和多层次要求，按专业目标与规格培养的规模化人才忽视学生和成人学员的个体差异，不利于学员的发展。所以高校学历继续教育人才培养应定位为大众教育，树立以学员实践能力与综合素质提升为主的教育质量观。

良好的学生社区组织机制依赖于组织及队伍建设，就学生社区而言：一是建立一个合适的组织架构平台，为有效、有序运营保驾护航；二是建设好社区管理员、辅导员和志愿者队伍，迅速达成绩效目标。社区管理员、辅导员和志愿者队伍是学生社区组织存在和发展的基石。社区管理员队伍是对学生社区进行各项统筹管理的岗位，是各种制度的制订、发布和执行者；辅导员队伍根据学校、学院和社区的要求具体执行对学生学习、思想、生活的管理；志愿者队伍不仅是社区管理服务的需要，也是学生成长发展的需要，在学生社区，志愿者行动是建立一个以人为本、共同参与、共同发展的和谐社区的重要途径。三亚学院学生社区的巡查与学生教育岗和宿舍管理岗均有志愿者参与，主要开展社区巡逻、查违规、运营秩序维护、宿舍安保、社区环境美化及环保管理等工作。

2. 整合资源，建立高效的保障机制

本着"不为所有，但求所用"的宗旨，充分挖掘现有潜力开辟学生社区的专用场所。如学生社区管理部门应设立在学生宿舍区域内，方便第一时间发布信息并了解和掌握学生生活情况等。辅导员进入社区办公，社区为辅导员配备现代化的办公设备、舒适的工作环境、休闲娱乐场所等，以提升辅导员的工作满意度和效率，为学生社区的正常、高效运行提供保障。

3. 树立典范，建立内部激励机制

学生社区化管理新模式究竟依据什么原则进行构建？这直接关系到学生社区服务、教育与管理工作开展的方向和有效性。笔者认为"以人为本、周到服务、保障全面和高效可持续"应是其核心的构建原则。

（三）学生社区化管理新模式的构建措施

1. 明确学生社区工作人员分工，构建合理的社区管理团队

高校要在深度分析当今大学生的个性、教育文化背景等基础上借鉴企业的组织结构模式来优化社区组织结构。每一种典型的企业组织结构都有其自身的优缺点，学生社区组织结构可以通过借鉴来建立一种新型的组织结构，它可以是综合

直线职能制、矩阵制或事业部制，是一种将时间、空间结合为一体的复杂的机构形态。此外，还可以借鉴当今非常流行的学习型组织来建立学习型社区的组织结构模式，学生只有充分运用自身的学习能力，才会具有适应社会发展的竞争优势。

2. 借鉴企业组织结构模式，优化学生社区的组织结构

提高学生社区化管理模式的有效性，既要构建合理的组织结构，又要充分发挥人力资源的作用，更要加强学生社区的文化建设。

3. 塑造良好的学生社区文化，提升软实力建设

学生社区工作人员分为管理人员、楼栋老师、学生干部和辅导员等。但是社区工作人员在职责分工上经常出现不明确和相互重合的现象，由此产生的问题虽然在短期内不会影响到整个组织的运行，但是长此以往就会导致各个岗位积极性缺乏、协调性降低的问题出现。因此，分工合理、协调一致的原则必须在组织设计中充分体现，使工作人员能各尽其责，通过培训和学习使其尽快进入工作状态，管理人员一定要分清社区老师与学生干部、辅导员的任务，形成各司其职、不越权、不观望的平等协作机制。

文化因其独特性、差异性和难以模仿性而成为组织核心竞争力的软实力，学生社区文化是学生社区化新模式构建的核心内容。

4. 加强学生社区文化建设

一是加强学生社区物质文化建设。社区的物质文化包括社区的自然环境和各项基础设施。社区的自然环境具有重要的育人功能，是一个人为的景观环境，促进着学生个性的养成与发展。基础设施的现代化和高科技化，可以更好地提高学生社区的管理及服务水平。地处热带海滨城市的三亚学院，其优美的校园环境，标志性的校舍建筑，以及完备的图书资料、教学科研设备、运动设施等，都为学生社区的建设与管理提供了充分的物质保障。

二是加强学生社区制度文化建设。制度文化是组织在长期运营和管理实践中产生的一种文化特征和文化现象，是一种约束组织和成员行为的规范性文化。同样，学生社区的制度文化是为了保证社区目标实现而形成的一种管理形式的载体，也是高校从自身价值理念出发形成的一种制度和规则。所以，建设学生社区

制度文化对于学生社区管理具有重要意义。三亚学院学生社区制定了社区管理制度、安全联防制度、社区员工制度、晚归管理制度等，全方位地为学生社区管理提供了制度保障。

三是加强学生社区精神文化建设。精神文化是一种深层次的观念文化，属于意识形态范畴，对于个人成长起着决定性作用。社区精神文化建设在团队意识的形成、发展、提升等方面都具有重要意义。因此，要结合学生社区的特点采取形式多样、内容丰富的集体活动，开展思想政治、道德和心理教育，使精神文化成为学生社区管理的一个有效抓手。

高校应建立一个什么样的学生社区化管理模式，这个问题直接关乎现代大学制度是否能够贯彻，核心育人目标是否能够实现，以及是否能与时俱进地可持续发展。为此，三亚学院充分利用自身灵活的办学机制和国际化视野在学生社区化管理模式上做了一些创新探索。学校在战略转型过程中，结合自身的育人目标、学风建设及学生工作特点，在教学与学生工作一体化思路指引下，大胆进行组织创新，借鉴企业管理的"业务流程重组"来整合与创新原有的学生工作处和教务处的资源和组织架构。同时，升格学生社区管理机构，强化辅导员进社区办公等举措，把学生社区整合成一个集教育资源与机构、保障资源与机构于一体的平台，这些组织结构上的变革性探索为高校学生社区管理提供了方向及资源保障。同时，将思想政治教育引入学生社区，使高校学生社区化管理成为运行有效、值得借鉴的新模式。

第四节　高校班团组织建设创新

当前高校班团组织建设面临学生组织意识淡薄、教师参与缺失、活动开展困难、育人功能弱化等问题。通过探究班团组织建设的新理念和新模式，构建了民主自治参与模式、"一人一角色"模式和朋辈互助建设模式。

班级和团支部均是大学生自我教育、自我管理、自我服务的主要组织载体，各自发挥着不同的作用。为了便于对大学生加强教育管理服务，班级和团支部往往建在一起，统称"班团组织"，由辅导员（班主任）指导班干部和团干部共同进行班团组织建设。在班团组织中辅导员（班主任）和学生都是具有主体性的人。按照马克思主义的观点，主体性是人作为活动主体的质的规定性，指主体在认知、交往及自我反思与调整活动中表现出的基本特性，主要包括主体意识、主体地位、主体能力和主体关系。高校班团组织建设应以促进人的主体性发展为出发点，根据大学生成长规律和需求，结合高校思政会议精神因事而化、因时而进、因势而新地构建新模式。

一、班团组织建设中的问题

（一）学生班团组织意识淡薄

学生加入到某个班级或者是团支部往往是被动的，并不是以个人意志为转移的，是学校为了教育管理根据院系、专业、年级等因素编在一起的，与某些兴趣社团不同。随着年级的升高和课业负担的加重，学生对参与班团组织的活动热情和积极性逐渐降低。班团组织意识淡薄主要表现在：一是对所在班团组织的主体身份认同感丧失，忘却了自己的成员身份，更加忽略了自己在班团组织中的权利和义务；二是个人的主体意识不断强化，自我中心思想抬头，个人主义凸显，忽略了班团组织中的其他成员；三是班团组织中的主体关系交往逐渐减少，部分大学生逐渐走向自我封闭或者逃避与班团组织中成员交往。学生班团组织意识淡薄：一方面，因为学生在主体意识觉醒过程中缺乏有效的引导，致使学生在班团组织中找不到自己合适的位置，对班团组织的归属感下降；另一方面，班团组织自身缺乏明确的定位，发展目标不明确，制度建设不完善，致使学生在班团组织中不能有效地发挥作用，对班团组织的认同感降低，造成了班集体影响力、吸引力、号召力的弱化。

（二）教师参与组织建设较少

班团组织中辅导员（班主任）教师是学生思想上的引领者，学业上的指导者，生活上的知心人。班团组织建设离不开教师的参与，但是实际班团组织建设中教师的参与程度并不高。一方面，由于学校制度不完善，辅导员（班主任）的配比不合理，教师不仅要管理数量庞大的学生，而且要完成相应的教学科研任务以及一些日常事务，繁重的工作使得他们无法切实参与到班团组织建设中；另一方面，是由于教师采用过于民主的方式管理班团组织，将权力下放给学生，自己对班团组织缺少有效的监管和把控。

（三）班团组织活动开展被动

班团组织活动开展的初衷是促进学生的成长和发展，然而在实际落实中出现诸多问题，使得活动开展时常处于被动境地。一是班团组织活动的形式落伍、内容枯燥、强制性多，致使大学生参与积极性不高。随着高校思想政教育工作的不断加强，省市级、校级、院系都有大量的班团活动要求，规定了主题、时间段、形式甚至是参加人数等。上级的班团活动具有重复性、强制性、紧迫性和繁重性的特点，导致班团干部在某个时段不堪重负，甚至严重影响了正常的第一课堂。二是班团组织活动存在分离现象，常常"各自为政"。因为班级一般隶属于学校学生处，而团支部隶属于校团委，两个部门之间沟通较少，都有各自的思想政治教育任务，考核要求和标准不一样，导致很多班团活动要分离，进一步增加了学生的班团活动数量，降低了其参与积极性。三是班团组织在管理上通常采用教师——学生干部——普通学生三级线性管理模式，容易忽视普通学生的存在感和参与性，导致部分学生成为被忽视的群体。总之，班团组织活动开展被动的最主要原因是忽视了大学生的自主性、能动性和创造性。

（四）班团组织育人功能弱化

高校最重要的功能是人才培养，而班团组织是高校立德树人和促进学生成长成才的基本组织。习近平总书记在全国高校思想政治工作会议上强调，要坚持把立德树人作为中心环节，要努力做到全程育人、全员育人、全方位育人。在当前思想政治教育过程中出现了一些使班团组织育人功能弱化的问题，形式活动较多，学业课业繁重，使得有些班团组织中出现"为活动而活动"现象。部分班团组织以完成任务的心态组织活动，追求活动形式，对活动本身的意义和价值缺少思考，活动中娱乐性大于教育性。有的班团组织中还存在"活动摆拍"现象，每次活动把人员聚齐，拍几张照片，虚假撰写和提交活动总结。

二、班团组织建设的新理念

以学生为主体，以教师为主导，充分发挥学生的主动性，把促进学生健康成才作为学校一切工作的出发点和落脚点。班团组织建设离不开师生双方的参与，班团组织建设之所以出现上述问题，主要原因是师生双方主体意识模糊，主体地位失衡，主体能力不足，主体关系薄弱。笔者从促进学生和教师双方主体性发展的视角探究班团组织建设的新理念。

（一）主体：相互性促进

马克思主义认为，主体是自觉地认识和改造世界的人。从事现实活动，主动地建构人与世界关系的人就是主体。主体一定是人，但人未必就是主体。人要获得主体的资格还需要具备一定的条件：首先，要掌握一定的知识和技能；其次，是必须现实地认识世界与改造世界。在班团组织中有辅导员（班主任）和学生两类角色的人，有学者提出班团组织应该建设成为一个民主、平等的共同体，在更充分的意义上，它是一种文化共同体、一个精神共同体和伦理共同体。在这个共同体中教师和学生应互为主体，可以存在"双主体"，二者的主体性具有相互促进的作用，而且缺一不可。辅导员（班主任）和学生二者均被视作平等的主体，能够凸显和强化学生的主体地位，激发学生参与班团组织建设的积极性，拉近师生关系，促进主体关系交往性。辅导员（班主任）群体具有年轻化的优势，与学生的年龄相仿，观念相近，更能融入学生、理解学生的需求，也更容易赢得学生的信任。因此，班团组织的建设应同时强化教师与学生两个主体角色，关注每个角色主体性作用的发挥，二者互为主体、相互促进。

（二）目标：主体性发展

班团组织中教师和学生都是具有主体性的人，师生双方主体性的发挥都是为了一个共同的目标——学生的发展。因此，教师主体性与学生主体性是既对立又统一的。教师主体性的发挥是为了学生主体性的发展，学生主体性的发展更多地依赖于教师主体性的引导，而学生的主体性发挥、发展又可促进教师主体性的发挥和发展。在两个主体性的相互作用之中，学生不断得到改造、进化和发展，教师不断得到充实、丰富和提高，双方共处于一个和谐、协同的活动统一体中。因此，"教学相长"的原理在教育的双主体性相互作用规律中可以得到诠释和印证。

实现师生双方主体性的发展，首先需要激发主体意识。主体意识是作为主体的师生双方对于自己的主体地位、主体能力和主体价值的一种自觉意识。只有使教师和学生认识到自身所具备的主体权利，才能够真正在高校中确立自身的主体地位，也才能够充分发挥自身的主动性。此外，要明确师生双方的主体地位，通过学习和锻炼，不断提升主体能力；通过交流和协作，不断巩固主体关系。在班团组织建设中由辅导员（班主任）担任组织者、指导者和监督者，保证组织建设方向上的正确性，执行上的真实性。

（三）原则：全员性参与

班团组织具有多样性，组织中的每个人在思维、兴趣、才能、禀赋上都有所差异；班团组织体现着平等性，组织中的每个人无论学识高低、能力大小都有参与建设的权利。因此，班团组织建设中要坚持全员性参与的原则，鼓励教师和学生共同参与。辅导员（班主任）要在日常工作中通过班团会议、走访宿舍、谈心谈话等形式加强与学生的联系，在沟通交流中把握学生的特点，了解学生的需求。要引导学生参与到活动的策划、筹备、实施和评价中。在整个过程中尽可能地发挥每个学生的特长和优势，为每个学生提供参与的机会。这样不仅能集思广益，使活动更切合实际、更具可行性，而且能更加有效地调动学生参与的自主性和主动性，增强学生的主体意识，提升学生的主体能力。

（四）保障：深度性辅导

当前，大学生的思想政治教育工作面临新形势、新情况，在理想信念、学业、情感、生活、价值观和心理等方面都有或多或少的困惑，给班团组织建设提出了挑战，同时也是其加强建设的意义所在。

为保障学生的主体性发展和班团组织的建设，辅导员（班主任）应该开展深度辅导。"深度辅导"是指深入、动态地了解学生，根据学生成长发展需求，辅导员运用科学的知识和方法，有目的地对学生进行思想、学业、情感、心理等方面的深层次辅导。深度辅导并不是简单意义上的师生聊天、谈话和谈心，而是有着很高专业化、科学化要求的思想政治教育活动，是一种"心与心"的沟通，智慧与智慧的交流，灵魂与灵魂的体验。深度辅导能够拉近师生之间的距离，能够解决学生的实际问题，能够为班团组织建设提供保障。

三、班团组织建设的模式探索

针对当前班团组织建设中存在的问题，结合全国高校思政会议的要求，本文以促进学生主体性发展为视角，以马克思主义社会实践论为理论基础，探索班团组织建设的新模式。

（一）民主自治参与模式

班团组织中的大学生都已经是成人，主体地位和主体意识崛起，有独立见解，有成长发展的强烈愿望。因此，班团组织作为师生成长发展的共同体，实现班团组织的可持续发展要营造民主的氛围，既要关注多数人的意志，又要照顾少数人的诉求。为满足师生的共同需求，构建民主自治参与式的班团组织模式。

班团组织的建设，一是强调学生共同参与，以杜威为代表的教育思想家提出"一切教育都是通过个人参与人类的社会意识而进行的"。该模式强调学生深入到班团组织建设中，通过参与可以获得认知、技能、价值观等多方面的收获，从而产生重要的正向积极影响作用。二是强调民主自治，班团组织建设尊重学生主体意愿，辅导员（班主任）在班团活动中指导学生参与，最大限度地发挥学生主动性、自主性和创造性，在深度辅导的保障作用下寻求学生的需求点，努力实现全员参与。辅导员（班主任）在该模式中的作用是引导、辅导和指导，不能包办、强制和越位。曾荣获北京市"我的班级我的家"一等奖的北京师范大学某班级曾对此模式进行了尝试和探索：班委、团支部委员完全民主选举，在辅导员（班主任）的指导下班委自治班集体；民主表决成立了"四叶草教育感恩基金"，并成立管委会，全班所有成员共同参与，四年中筹集 5 万余元经费，资助一百余名贫困儿童。

（二）"一人一角色"模式

日本著名教育社会学家片冈德雄在其著作《班级社会学》中提出了"参照群体"班级观，构建了"一人一个角色"的全体参与"的班级管理方法，该模式适合主体性发展视角下的班团组织建设。具体来讲，就是要丰富班团组织中的角色，努力实现每名学生在班团组织建设中找到自己的角色，即使是没有规定的角色也可以根据学生特点设置角色，目的是为学生创造参与班团组织建设的机会。"一人一角色"使得师生双方都能够在集体中承担责任、服务于集体，并在此过程中培养和提升主体能力。一方面，这样做能够增强师生的集体意识和班团组织的凝聚力；另一方面，能使他们获得班团管理主人的积极体验，从而激发主动参与班团组织建设的积极性，并从管理者的角色中学会管理他人、学会自我管理。此外，"一人一角色"全体参与的方式还有助于实现个性化教育，关注个体差异性。曾荣获"北京市先进班集体"和"标兵团支部"的北京师范大学某班级对此模式进行了实践探索，每名学生根据自己的特长、兴趣等成立了七大兴趣小组和奖学金评委会、班团理财委员会等，每名学生都有一个或者多个角色，促进了每名学生的主体性发展。

（三）朋辈互助建设模式

在班团组织建设中，有辅导员（班主任）和本班团的学生两部分成员，为了增强班团组织建设的实效性，介入外在朋辈的力量。辅导员虽然是大学生的知心朋友和人生导师，但是面对学生数量多、事务性工作烦琐的现实，对本班学生的指导和辅导往往力不从心，请高年级学生介入与学生建立朋辈互助关系，可以在学业、生活、心理和情感上给予帮助和引导。

北京师范大学教育学部（国家试点学院）大力实践探索朋辈互助建设模式。

首先，通过本科生导师制帮助每名新入学的本科生找到"师门"，师门有高年级的本科生、硕士生和博士生，学生在很短的时间内就可以了解整个大学和所学专业的情况；其次，通过学生会和社团举办"学长计划"，在学部层面选取曾经获得过国家奖学金的大学生与本科新生的宿舍建立学长关系，帮助学生解决学业和生活上的实际问题；最后，班级还组织了与高年级"一对一"结对子活动，使得每名新生都有至少一名学长结伴同行。朋辈互助建设模式，解决了很多辅导员（班主任）甚至是其他教师难以解决的问题，为班团组织建设创造了条件，有利于增强学生的主体交往性。

第五节　高校毕业生就业指导工作创新

社会的快速发展，为各行各业的全面发展创造了良好的环境，但同时也提高了对各行各业的要求。在市场竞争越发激烈的当下，各大企业想要获得全面的发展就必须加强优秀人才的引进和培养。高校为了向各大企业输送优秀的专业人才，全面提升高校毕业生的就业成功率，就必须要为高校学生提供更加专业的就业指导，从而引导高校学生正确择业和成功就业。首先分析高校毕业生就业指导工作存在的主要问题，然后进一步分析全面开展高校毕业生就业指导工作的有效措施，以期能对高校毕业生的就业指导工作问题研究有所助益。

在市场竞争日益激烈的情况之下，人才竞争也越发激烈，各大高校想要全面提升毕业生的就业率，就必须要加强重视就业指导问题。在高校的就业指导中，较为常见的就业指导模式主要有全程化职业指导路径、个性化职业指导机制、以人为本职业指导理念等。高校就业指导教师可以根据学生的实际学习情况和就业需求，选择适合的指导模式有效地开展高校毕业生就业指导工作。但在实际的高校毕业生就业指导过程当中仍然存在着较多的问题，严重地影响着高校毕业生就业指导工作水平的全面提升。高校必须加强对毕业生就业指导工作的深入研究，不断地探索有效提升高校就业指导工作效率和质量的途径。

一、高校毕业生就业指导工作存在的主要问题

指导观念较为落后。在现阶段的高校就业指导当中，就业指导教师受到传统就业指导模式的影响，很难及时地转变指导观念，这就使得大部分的高校就业指导教师仍旧偏向就业安置。在这种观念的影响之下，大部分的高校就业指导主要是为了将学生成功送出校园，在短时间内追求高校毕业生的就业量，却不重视应届毕业生的实际就业情况，这无形之中提高了高校应届毕业生的失业率。大部分的高校毕业生都是选择先成功就业，在累积了一定的工作经验之后，再根据自身的发展倾向和职业期望重新择业。这种方法虽然能够在一定程度上提升高校毕业生的就业成功率，但高校毕业生的工作能力相对较差，难以在企业和单位当中长久工作。这使得部分的高校毕业生频繁失业，也加快了用人企业和单位的人才流失。用人单位和企业在毕业生就业之前，需要花费财力与人力、物力对毕业生进行岗位培训，因此，人才的快速流失也会给用人单位和企业造成一定的损失。故而，用人单位要求高校必须采取措施解决一味追求就业成功率，而不考虑学生专业与岗位是否对口问题，也就是要解决就业指导当中的就业定位存在偏差的问题。

1. 指导形式单一。

传统的高校就业指导主要是由高校组织统一的就业动员会，然后大规模地向应届毕业生灌输部分就业指导知识，或者由教师提出与就业形势相关的问题，并让学生完成就业形势报告，然后再统一地举行报告会。就业指导主要是采取灌输的形式展开，力图让学生对就业有一个大体的认识，但却没有根据学生的专业以及个性特长、就业倾向等方面为学生提供科学、有效的指导。高校没有设立专门的就业指导咨询机构解决高校毕业生的就业困惑，这使得高校毕业生就业指导难以发挥成功指导学生就业的作用。另外，高校毕业生在即将跨出校园步入社会的情况之下，面临众多岗位的选择，往往很难客观地选择适合自身发展的职业。而在择业的过程中，学生往往会出现各种心理不适或者心理矛盾，这个时候就需要高校就业指导教师为学生提供一对一的个别咨询和辅导。

2. 指导内容更新较慢。

在当下的高校就业指导课程当中，就业指导教师主要是对应届毕业生进行就业指导，就业指导工作并不面向全校学生。而对应届毕业生所开展的就业指导也仅限于双选期间，并没有从始至终地对应届毕业生进行专业指导。就业指导教师主要引导学生对当下的就业形势进行了解，并对就业形势进行专业的分析和介绍，然后再先后对学生进行求职技能培训、规定的诠释、就业政策等方面的指导和培训。高校并没有统一地对就业指导工作进行科学、具体、全面的安排，这使得高校就业指导工作缺乏全局性，就业指导的内容更新远远落后于社会发展情况，从而使得高校就业指导缺乏实用性和实效性，并不能够起到正确指导高校学生就业的目的。高校就业指导的局限性相对较强，在就业指导的过程当中，教师并没有对大学生的职业道德、择业能力、就业观点、价值取向进行正确的引导和指导。这使得高校的就业指导缺乏有效性，没有考虑学生的兴趣、爱好、气质、性格就统一地进行就业指导，使得就业指导严重缺乏全程化和个性化，从而使得高校就业指导陷入可有可无的尴尬境地。

3. 队伍专业水平较低。

在实际的高校就业指导过程当中，大部分的高校为了节省教育经费，并没有聘请专业的就业指导教师为学生提供就业辅导，而是由在校的其他教师兼任就业指导工作。这部分教师并不具备专业的就业指导知识体系，就业指导能力相对较差，这就使得高校毕业生的就业指导严重地缺乏职业化、专业性。高校就业指导不能够全面地发挥指导就业的作用，从而使得高校就业指导形同虚设，甚至还会引起一部分高校毕业生的反感。另外，高校兼职就业指导工作的教师，不仅要完成就业指导，同时还要完成高校教学任务，这就使得大部分的高校教师将教学任务放在就业指导之前。高校就业指导教师缺乏系统专业的培训，师资的就业指导能力和就业指导水平参差不齐，这严重地阻碍了高校就业指导的有效展开。高校想要全面提升就业指导的效率和水平，就必须全面加强对就业指导教师水平的重视，不断引进高素质、专业化的就业指导人才，全面加强高校就业指导队伍的建设。

二、全面开展高校毕业生就业指导工作的有效措施

1. 设置就业指导课程。

为了全面提升高校就业指导的质量，高校可以设立专门的就业指导课程，引导在校大学生树立正确的择业观和就业价值观，并协助高校学生完成科学合理的职业生涯规划。高校学生在完成就业规划的过程当中，会正视职业问题，并深入地对职业生涯进行思考，从而能够选择更加适合自身的职业。例如，美国教育机构在学生步入校园之后，就会根据学生不同阶段的发展情况为学生提供就业指导，在学生学习的过程当中，引导学生潜移默化地接受职业生涯教育。而在国内，往往只会在大学阶段才为学生提供就业指导，由于大学生接受职业教育的时间相对较短，很难快速掌握职业发展理论以及职业规划教学。为了在短时间内全面提升高校学生的职业能力，就必须要设立具有针对性的就业指导课程，使学生在校阶段全面地加强学生的职业教育。高校在设置就业指导课程的过程当中，可以借鉴国外的先进职业教育经验，从学生的专业和实际学习情况出发。

2. 建立就业指导网站。

在社会科技快速发展的情况之下，互联网络的覆盖面积不断扩大，不仅影响着高校教育，同时也在市场当中发挥着重要的作用。在数据资源库、网上招聘、网上指导、职业测试、法规制度、信息发布等领域全面实行信息化的当下，高校的就业指导也须与时俱进，这样才能全面提升高校就业指导的实效性、准确性、适用性。因此，高校可以利用互联网络上所有能利用的资源，全面创建就业指导平台，为学生提供更加系统化、全面化且具有较强针对性的就业指导。通过全面的构建职业资源库，及时更新各种就业形势以及就业指导信息，从而使高校学生更好地了解与专业对口的职业发展情势。通过互联网络，学生可以在职业资源库、职业网站、专业网站、企业网站当中获得综合所需的职业知识，更好地了解典型企业、典型职业以及各种全新发展起来的职业，从而为高校学生的职业选择提供真实具体的参考依据。

3. 全面加强校企合作。

为了更好地提升高校就业指导的实效性，进而全面提升高校学生的职业能力，高校可以加强和先进企业之间的合作，由高校向先进企业输送高素质的专业人才。而企业则为高校学生提供社会实践平台，为高校学生提供能够切身地参与到企业的日常生产和管理过程当中的机会。通过这种方式，可以更好地培养企业需求的专业人才，进而更好地提升高校毕业生的社会适应能力和职业水平。高校还可以与企业签订长期合作合同，由企业向高校提供人才订单，而高校则根据企业的实际需求对专业设置和教学模式进行调整，全面培养更加适应企业的岗位和工作的高素质专业人才。高校还可以在合作的过程当中全面地构建"双师型"就业指导团队，由高校优秀的就业指导教师和企业的优秀工作人员组成就业指导队伍，全面地建设校企之间的就业指导交流平台，有效地加强高校学生在校学习和外出实习这两个重要阶段的就业指导，从而使就业指导贯穿高校职业教育的始终。在这个过程当中，高校还需要加强对高校师资队伍的全面培训，通过定期组织就业指导培训、开展就业指导主题活动，并聘请企业优秀的工作人员到高校开展就业指导讲座，进而全面地提升高校就业指导师资队伍的指导质量和指导水平。

随着各大企业对人才要求的不断提高，高校学生的就业越发困难，想要摆脱这一困境，高校就必须改变传统的教学模式，不断地进行教学创新，全面加强高校学生就业指导工作的力度。与此同时，高校还需要加强对就业指导教师的全面培训，从根本上提升就业指导教师的指导能力。高校就业指导队伍的整体素质提高了，才能够保证高校教师能够保质保量地完成就业指导工作，最大限度地发挥高校就业指导工作在高校毕业生就业当中的指导作用。这样不仅能为高校毕业生成功就业创造良好的优势，同时也能为高校毕业生就业指导工作的全面展开奠定良好的基础。

第六节　高校学生干部队伍建设创新

高校的学生干部作为学生管理当中不可替代的重要管理主体，是有效地对学生进行"自我教育、自我服务以及自我管理"的核心力量。一支素质超群、能力出众的高校学生干部队伍对学生后期的成长、发展具有至关重要的作用。由此，在当代的社会发展过程当中，面对着全新的社会情况、环境特点，作为高校教育教学的管理者，发现学生的优点、有效的组建学生干部队伍、培养适应于时代的发展要求、高素质的学生干部队伍，为后期高校学生高质量管理奠定重要的理论基础和实践经验。

一、高校学生干部队伍建设的重要意义

在高校管理过程当中，增强学生干部队伍的建设，能够有效地维护高校管理的稳定性，促进学生管理质量的提升。作为维护高校管理稳定的重要支撑力量——学生干部，应当具有良好的思想素质，并且要拥有坚定的政治立场，在思想上要与党中央保持一致。在发现学生当中有一些不良的影响或者不稳定性出现的时候，就需要实时做出相应的反应，将一些不稳定的因素汇报给自己的老师，这样便可以让学校的管理者能够在第一时间掌握一些情况，并且制定出相应的应对措施，有效地对学生当中即将发生的不良事件予以控制，将恶性事件所发生的概率不断降低。除此之外，学生干部还是搭建学生与教师之间的重要桥梁，能够将学校的管理教师和学生紧密的连接起来，在整个环节当中承担着信息员的重要责任，能够起到上情下达的重要作用；学生干部在学生当中还具有模范带头的重要作用，学生干部通过自身的言行举止，会对周围的学生产生很大的影响，同时还能够协助教师的教育和学生管理，促进学校的校园风气更加的健康，进而实现自我教育和自我管理的目的。

二、高校学生干部队伍建设当中存在的主要问题

（一）学生干部选拔制度不够完善

在高校的学生干部队伍建设当中，起初许多学生在进入高校学生会的目的以及动机大多都是正确的，都是希望自己能够在进入之后好好工作，为同学们服务，为班级服务；有的则是锻炼自己，提升自己，进而实现自我价值。但是在担任班委之后，受到外界不良风气的影响，存在"老乡会""亲人帮"的现象，进而导致后期学生干部的选拔上出现了许多问题，这种现象的出现就会导致学生干部的整体质量下降，进而导致学生干部队伍充满了功利性，缺乏一定的奉献精神，甚至部分学生干部仅仅只是为了评奖评优进入到学生会甚至是班干当中，抛弃了自身为普通学生服务的奉献精神，注重的则是自身的切身利益，目光短浅，进而违背加入学生干部队伍的初心。

（二）学生干部队伍工作方法缺失，缺乏团队合作意识

在高校的学生干部队伍当中，团队协作可以说是学生干部优化的重要核心所在，是个人利益以及整体利益进行有效结合的重要保证，能够进一步提升高校学生管理的工作效率，提升学生之间的凝聚力以及向心力。而对于大部分的学生干部而言，由于在高校当中缺乏相应的工作经验，难以依据自身的工作性质以及相关职责进行统筹分配，不仅仅对自己的工作效率有所影响，而且还会为其自身的发展带来一定的负担。在高校学生管理当中，班级当中的工作大部分都是通过班长以及团支书予以完成，而其他的学生干部大都很难参与到这过程当中，在发展过程当中，不仅仅会增加一定的工作量，而且在后期的工作质量、工作效率上也难以得到有效的提升，进而造成了班干部职能上的浪费，缺失相互之间的配合，难以形成良好的凝聚力和竞争力。

（三）激励政策以及约束机制不够完善

针对高校学生干部进行管理的过程当中，良好的激励政策以及约束机制是促进学生工作积极性和主动性的重要保证。相反，在学生干部管理过程当中，缺乏科学性以及有效性的管理方式和机制，就会导致学生干部难以认清自身所应当具

有的责任，在工作过程当中难以时刻的去严格规范自己，进而导致在工作过程当中缺乏信心和主动性，甚至还会出现懈怠的状态。因此，应当不断提升高校的激励政策以及约束机制，进而构建出合理的、有效的管理方式和制度，为后期发展打下坚实的基础。

（四）高校学生干部队伍文化内涵的缺失

在新时代高校的发展过程当中，高校学生干部的建设应当具有优良的文化内涵，也只有这样，才能够促使学生干部队伍在思想上更加的坚定，进而形成良好的文化氛围。对于一些学生干部队伍而言，在后期的发展过程当中，大多会展现出无人继承这样一种极为尴尬的情况，这也是作为学生干部队伍管理者对学生干部后期的工作进行指导的重要保证，也能够为学生干部的能力提升、综合素质的提高打下坚实的理论基础。缺失了文化内涵的支撑，就会导致学生干部缺乏凝聚力，进而难以形成长久的发展，这也对后期高校学生干部的工作带来不良的影响。

三、增强学生干部队伍建设的具体措施

（一）严控干部选拔，优化学生干部质量

要想提升学生干部队伍的整体质量，最关键的也是首要的问题就是要建立良好的干部选拔制度，在选拔过程当中，通过组织介绍、自我推荐、干部精选等方式，选择一些品学兼优、素质良好、思想端正的学生进入学生干部当中。除此之外，不仅仅需要依靠学生的语言表达能力来进行选择，还需要对这些学生干部成员进行考察、观察，并在不同工作当中进行实践考察，让学生干部选拔从多个方面进行综合化、多元化的考评，并且能够在班主任、学生以及任课教师当中进行综合考评，依据相应的评价结果，真正将优秀的学生纳入到学生干部当中。

（二）优化学生干部队伍结构，促进合作

学生干部队伍作为一个团体，也就是能够通过自身相互互补、相互协作，进而为了共同的目标来进行奉献。在这过程当中，构成学生干部核心的主要因素可以划分为：人物、目标、定位、计划以及权限。学生干部队伍要在发展过程当中，

进一步明确自身的发展目标，进而为自身的团队发展进行指引，引导学生干部能够依靠自身的积极性、主动性，发挥不同干部所具有的才能，克服相互之间的缺点，互相弥补，只有这样，才能够更有效的对学生实施管理，实现自我管理的重要目的。

（三）构建系统的、完善的奖惩和管理制度

在学生干部队伍的构建当中，培养高素质的学生干部队伍，则需要构建出相对系统、完善的奖惩以及管理制度作为保障。在发展过程当中，需要融入"以人为本"这一发展理念，在后期的管理当中做到公平、公正以及科学的管理，并且采用相对良好的考核方式，包括：业绩考核、工作量考核、职责考核以及工作态度等予以考核。将这些不同的考核融入后期对学生干部进行奖惩和管理的过程当中，促进学生提升自身的创新思维，能够运用自我独有的方法、思路来探索出良好的管理模式，不断完善高校学生管理机制。

（四）搭建良好的文化内涵，形成传承与发展

文化内涵作为高校学生干部队伍当中的重要支撑内容，是促进学生干部队伍发展的重要保证。在学生干部队伍后期的建设过程当中，良好的文化内涵能够让学生在工作过程当中进行反复的反诉和总结，进而从中积累相应的管理经验，进而形成有形的或者是无形的文化内涵，进而获得学生干部的认同。除此之外，这样一种文化内涵还能够在干部队伍当中得到有效的继承，进而为后期学生干部队伍的提升和优化奠定重要的理论基础和实践经验。

综上所述，只有学校管理当中组建良好的学生干部队伍，才能够更有效地处理和掌控学生当中将要发生的事情，进而提前做出反应。除此之外，良好的学生干部队伍，还能够为后期学生管理提供很大的帮助，为形成学生自我管理打下基础。

第五章　高校考试管理的理论研究

第一节　高校考试管理的问题

　　高校考试管理是衡量一所高校管理能力、教师教学质量和学生素养水平高低的重要指标之一。本节从高校考试前、考试中和考试后普遍存在的不良现象着手分析，提出对症下药的措施，以期形成风清气正、公平正义的优良校风。

　　考试是高校教务管理重中之重的工作，它具有三方面的主要功效：一是检查学生理解掌握各门课程的程度；二是检查教师教学工作的成效；三是间接反映学校整体教学水平和学生综合素养的高低。而作为教学管理重要组成部分的考试管理，则是一个系统工程，它需由学校教务处作为主要负责人，带领下面二级学院和教研室一起组织考试，既要所有师生密切配合，也要学校学生处和政务处等管理学生思想、生活的部门协助和支持，并辅以严格的考试规章保障每场考试规范运行。这其中包含了考前、考中和考后三方面的管理，具体如下：

　　考前管理：顾名思义，就是考试前要立足做好的方方面面的工作。包括试卷的命题、印制、保密、监考人员培训等。好的开始是成功的一半，可以说，考前管理是整个考试管理的重中之重。

　　考中管理：就是考试进行过程中的各项管理工作。包括设立监考办公室、统一考试专用证件、考试座位图和监考老师的调配、考场巡检以及考场监考人员等。

　　考后管理：即考试后评卷及成绩的管理等工作，它是完善考试管理的关键。学校方面，包括组织专家抽查、验收考试成果，组织专人进行成绩评定、录入和试卷的归档等。教师方面，包括认真阅卷评分，并做好考后分析、反馈和总结，保存好试卷，以备核查。

一、考前管理环节存在问题与解决对策

（一）存在问题

考教不分离，考前泄题现象严重。目前，高校课程考试仍多采用旧的教考结合制，也就是任课教师自己定内容出题考自己教的班，全部包干，无人检查。由于缺少监督，不少老师在出题时会敷衍了事，考试内容随意。还有的任课老师由于杂事多、无心教学和钻研所教内容，上课照本宣科，致使学生学不到真知。考前为能让学生在评教中给他们打高分数，因此会通过给考试范围、划重点等方式放水给他们。以至于一些平时懒惰的学生通过考前突击，也能和平时勤奋学习的学生同样考高分，得奖学金。这样就深深打击了学生的学习积极性，间接造成学习用功无用的恶劣学风蔓延。

学校对考前监考培训工作欠重视。临考试前，有的学校没有从根本上意识到严格考试管理对优良学风建设的深远影响作用，对考试重视程度不够，考前没有组织监考人员进行专门的学习和培训，让他们及时了解监考规则和考试应注意的事项，以及考试中存在的各类问题该如何解决处理。

学生无心向学，考前猜题、押题、套题现象多。一些学生受社会上钱权交易和营私舞弊等不良现象影响，认为考上大学便完成任务。对于考试，认为能60分合格就可以了。学习不肯努力，上课开小差，甚至趴桌子睡觉。课后不认真做作业，去参加太多与学业无关的事或活动。临近考试，便惊慌失措，于是想方设法使用各种招数，企图靠作弊蒙混过关。

（二）解决对策

建立题库，实行教考分离。为真实反映教学效果，学校须有方法、有步骤地循序渐进建立题库，实行标准化命题，实现教考分离。建议如下：先由学校拟定实施方案，具体包括建库计划、运行流程、考纲和命题标准、阅卷评分等一系列内容；再由各二级学院根据本院课程实际，拟定出适合自身的建库方案和操作流程，有条不紊地建立各课程试题库；然后由学校组织专家学者验收评估各学院建立的试题库，并且随时补充更新已建题库里的内容。此外，对因各种原因未能建库的课程，教师在出卷考试前须先制定命题计划，交相关部门审核后方可使用。

领导重视，加强考前监考培训。学校领导要高度重视考试管理工作，考前需组织监考人员进行培训学习，并由教务处向每位监考老师派发监考守则，使他们及时熟悉了解做好监考工作各项细则要求，务求他们要严把考试要求，严肃考场纪律。对于能预先接触考卷的人员，务必要求他们做好保密工作，严禁泄露任何内容。

加强学生思想教育工作。学校专门负责学生思想工作的部门如学生处等，要耐心做好学生的思想工作，尤其是诚信教育品格的培养，帮助他们树立正确的人生观和价值观，倡导勤奋学习光荣、考试作弊可耻的良好风气。同时，充分利用校报、广播、微信公众号等媒体，呼吁学生考试遵规守纪，珍惜集体荣誉，杜绝考试违纪行为。把工作做在前，防微杜渐，有效杜绝考试违纪行为的发生。

二、考中管理环节存在问题与解决对策

（一）存在问题

监考环节漏洞多，存在玩忽职守现象。大学传统考试在监考环节上主要有如下不足：一是由任课教师监考，发现学生作弊时，因为面子问题没有给予制止，且不少学校是根据任课教师所教班级学生考试成绩高低来评价其教学效果，故他们在监考中有时睁只眼闭只眼；二是考场纪律不严，个别监考人员不严格履行职责，如在考场内玩手机、看报、闲谈，甚至对学生作弊视而不见，客观助长了学生有恃无恐的违纪行为，对学风建设产生了非常不良的影响。

作弊手段层出不穷。随着社会的发展，学生考试舞弊方法越来越高明，作弊工具越来越高科技。高校学生过去考试违纪一般通过夹带纸条或互相传递纸条为主，发展到如今或把考试重点写在藏在特别难以发现之处，如手掌、笔盒、桌椅面处等，一些人竟然大胆地将作弊资料压在试卷下面抄袭，找人替考，手机、手

表、计算器等高科技通信工具也粉墨登场。如有的学生将考试内容用无油的圆珠笔压写在草纸上，乍一看是张白纸，但在阳光下一晃就可以看到字迹。手法多样，令人难以防范。

（二）解决对策

规范监考环节流程。为做好考试过程中的监考工作，各高校务必要制定一套规范的考试运行流程，并严格遵守实施。如考场编排考生座位时，要单人隔座，不同年级或不同考试内容的考生混搭在周围；发现学生作弊，立即禁止其考试资格，逐出考场，并在考试情况记录卡登记备案；同时，禁止本系教师或任课教师监考本系或任课班级学生，由学校考务部门统筹安排其他人员监考。

成立专门机构，严抓考试违纪行为。校长、院长要勇担责任，挂帅成立考试巡视组，随时亲临考场仔细巡考。考试期间学校要成立专门的临时考试办公室，以应对考试突发事件发生，如监考员迟到缺席、考生中途意外不适及试题印刷错误等。处理作弊学生要迅速，并第一时间将处理情况以快报形式张贴出来，起到敲山震虎的作用，保证考试公正公平。同时，针对性采用高科技仪器严防学生作弊，如配备无线电信号屏蔽仪、身份证验证仪、金属探测仪等设备，让任何作弊手法无所遁形。

三、考后管理环节存在问题与解决对策

（一）存在问题

阅卷不规范，教评不分离。目前考后阅卷评分主要弊端是由授课教师改试卷，由于试卷上考生姓名一般都是可见的，有的教师在改完卷后，因为拗不过学生的求情，甚至收受了学生的好处，而放宽改卷的尺度，任意改动卷面分数，也就是通常所说的给学生人情分。再就是一些教师在出题时没有制订出具体评分标准和细则，打分随意性较大。并且，高校考试无论是从阅卷，到统计分数以及最后的登记成绩，全是由授课教师一人完成，难免会出错。

对违纪学生处理不及时，不坚决。有的学校对考试处罚制度执行不严格，如有学校规定了考试作弊给予纪律处分，替考者给予留校察看，唆使他人替考给予开除学籍，但事实往往仅限于纸面上的说辞，真正执行起来往往只是违纪学生成绩按零分处理，有的甚至还给予补考的机会。处分无关痛痒，自然考风有越变越差的趋势。

（二）解决对策

规范评卷环节流程。为规范考后试卷评分流程，学校需要求每门试卷在出题时都要附上详细的评分标准，然后组织相关教师集中一起流水阅卷，彻底防止给人情分的现象发生。同时，教师还须针对考试结果，进行全面的分析总结，从中找到教学中仍待改善和加强的地方，不断提升教学水平。此外，学校还要定期对考卷及答卷进行抽查评估。通过定性与定量相结合的方式，评估出教师的出题水平和学生的掌握程度，并形成报告，及时反馈给授课教师所在的院系，为授课教师出题水平的不断提高提供保证。

严格执行考试违规处理守则，严肃处理舞弊行为。学校对考试作弊的学生首先要坚持正面教育为主，但对个别无心向学，在考试中公然违纪的学生则要严肃处理，特别是屡次作弊而从不听劝的学生要勒令其退学。而对一些不维护考场秩序，有意纵容、袒护或无视学生违纪的监考工作人员，学校也要以教学事故给予严肃处理，通报批评，以维护考试纪律，风清气正。

综上所述，各高校要有效做好考试管理工作，只需针对目前考前、考中和考后普遍出现的不良现象，采取有的放矢的应对措施加以认真处理，优化好管理的每一个环节，势必达到事半功倍的效果，促进学风根本好转。

第二节　国外高校考试管理制度

在高校教学工作中，组织和管理考试是不可或缺的环节，是检验学生学习效果和教师授课水平的重要方式。随着我国教育的现代化、信息化和规范化发展，高校考试管理模式开始显露出一定的不足。通过对国际一流高校的考试管理制度进行案例分析可以发现，其在考试观念、考试流程和考试评价等方面相较于我国高校有一定的优越性。因此，吸收国际先进教育经验可以为我国高校考试管理制度的完善提供参考。

教育是科技创新、经济发展和社会进步的内在驱动力，习近平总书记在全国高校思想政治工作会议中指出，"教育强则国家强"。在实现中华民族伟大复兴的进程中，高校教育作为教育金字塔的塔尖承担着至关重要的作用。高等教育发展水平是一个国家综合实力和发展潜力的重要标志。随着我国经济逐步迈向高质量发展的新阶段，高等教育作为向社会输送高质量人才的关键环节，也要根据社会需求进行创新与改进。

考试是高校教学工作的重要组成部分，是检验和评估学生学习成果和教师教学效果的重要手段。随着时代的进步，社会对人才需求发生了变化，现有的考试方式存在的缺陷开始逐渐显露。针对这一问题，本节从如何更好地设计和优化考试管理流程、完善考试评价方法的角度展开探究，旨在提高高校学生的知识水平和综合素养，增强高校的综合实力。

一、我国考试管理制度的不足

（一）考核标准不够细化

我国高校考试多以传统笔试为主，形式上较为单一，且所有学校统一设定六十分为及格线，在分数等级的划分上没有进行细化和差异化，对不同学校、不同专业、不同难度的课程没有进行区别对待，导致部分学生对自身的要求不高，出现"六十分万岁，六十一分浪费"的现象。这部分学生的学习目的并非提升知识水平、增强专业素养，而是片面追求及格，造成学习约束性不强、导向性不足、激励性不够等问题。

（二）过程管理不够精细

由于考生人数众多，校方在考试期间需要处理各种由于个人原因引发的问题，例如考生迟到和临时缺考等问题。大部分高校的考试管理章程中并没有对这些突发情况的处理方案进行细化分类，从而导致在实际执行过程中监考人员和任课教师无章可循，在后续处理过程中为教师和学生增添不必要的麻烦。

（三）考试观念不够端正

由于高校学生对考试大多抱有应付的心态，"圈考试范围"的现象十分普遍，即学生在结课之前请教师划出重点，并根据所划范围进行着重复习，忽略未划入范围的内容。这种情况在很多高校屡见不鲜，是任课教师和学生双方对考试观念理解不到位的体现。考试作为一种公平公正的评价方式，是为检查教师授课和学生学习效果而设置的，如果提前透露考试重点，学生就会对所学知识区别对待，势必会造成学生在知识上出现盲区和欠缺，对教师教学效果的评价也难以到位。

（四）作弊惩罚不够震慑

在不同的学校和不同的考场，监考教师对考场纪律的掌控尺度不一，没有统一的标准。出于对学生心理承受能力的担心，有的监考教师放松了对考场的监管，在学生作弊被发现后，部分高校的查处和处罚力度也不大。我国高校很少出现学生因作弊被退学的处罚现象，学生作弊也不会和个人诚信挂钩，不会成为个人信誉上的污点，导致学生作弊现象屡禁不止，严重损害了考试的公平和公正。

二、国外考试管理案例剖析

党中央曾做出了加快建设世界一流大学和一流学科的战略决策，国务院也曾印发《统筹推进世界一流大学和一流学科建设总体方案》。这意味着我国教育事业要顺应国家强盛和民族复兴之大势，建立远大而卓越的高校发展观，为成为全球高等教育的引领者而努力奋斗。因此，在全面贯彻党的教育方针、坚持马克思主义科学理论的基础上，高校还要认真吸收世界先进的办学治学经验，使高校教育事业能够治理有方、管理到位、全面发展。

欧美大学对学生的学术诚信极为重视，一般在新生入学后会进行一周左右的校园指导课程 (Orientation Course) 或新生过渡教育 (Transition)，就会清楚明确地向新生介绍关于考试、抄袭、作弊等问题的界定和处置方式。除此以外，在每门课开始之前，教授都会集中学生上一次大课，对该门课程的内容进行大致介绍，并将该门课的课程大纲分发给学生，里面明确标识教授本人对各种形式作弊的处理方式。

　　哈佛大学 (Harvard University) 作为美国本土历史最悠久的高等学府，百年来在国际上声誉崇高；麦吉尔大学 (McGill University) 是加拿大蜚声全球的世界顶尖学府，有"北方哈佛"的美誉。本节以这两所北美顶尖大学为例，对高校考试管理方式和评价流程进行分析。

（一）哈佛大学的考试管理特点

1. 严格的考核标准

　　根据哈佛大学的规定，学生必须达到最低标准，即每学期只能有一门课不合格（评分在 A 到 C 的范围为合格，D 到 E 为不合格），才能继续参与教学活动。凡是未达到最低标准的学生必须退学两个学期。对自己的分数有质疑的学生，可以向任课教师或院长、学术委员会提出询问申请，但最终打分的权力仍归任课老师所有。另外，不同学院有不同的评价规定，例如哈佛经济学系的考试规定更严格，在 12 门专业基础课中，必须要有 11 门达到 B 等或 B 等以上，未达标者需重修课程。

2. 严格的考试规定

　　哈佛大学的考试规定非常详细：在考试期间学生需要用洗手间时，不得将电脑、手机或相关资料带进洗手间；考试中途如发生火警，学生可以带着自己的个人物品出考场，但必须去考试开始之前教师指定的场所进行应急躲避，在应急场所不能看和考试相关的资料，也不可以和同学讨论考试内容，如果违法了这些规定有可能会被退学；考生迟到超过三十分钟则不允许进入考场，三十分钟以内则视主考官要求而定，主考官有权不允许学生入场，并记作缺席考试处理，每一个迟到考生的信息都会被汇报到考试办公室。

　　不仅如此，不同学院还会根据实际情况进一步细化章程。以哈佛法学院为例，所有考试都必须在注册办公室公布的考试安排下执行，包括考试时间、地点等，不得出现变动，只有在特殊情况下通过注册办公室或教导主任特批才能调整，任何工作人员都无权进行调整，从而确保了考试过程的公正。学生如在考试时迟到，则会在试卷上进行记录，评分时会相应地进行扣分处理。

3. 严厉的学术道德监管

哈佛大学制定了完备的荣誉守则 (Honor Code)，在新生入学时分发给学生并进行指导介绍，学生在注册时，会被询问是否阅读了荣誉守则并承诺遵守。在每次考试时，试卷上都会印上本人已阅读并将遵守荣誉守则等内容，要求学生签字。一旦发生违反荣誉守则规定的行为，学生该门课程成绩失效，如果学生进行剽窃，提交了不是自己原创的作业或论文，则会被要求退学。如果学生投机取巧，将自己的同一篇课程论文提交给两门不同的课程，也被视作违规，学校会要求学生退学。

（二）麦吉尔大学的考试管理特点

1. 丰富的考核方式

麦吉尔大学规定，对学生的考核必须全面，要反映出所学课程的全部内容，且每门课程的考试必须不止一次。学生到课的分数占比不得超过总评成绩的 10%，一旦超过，任课教师必须在课程大纲中给予明确提示。同时，期末考试的占比不得低于总评成绩的 25%，也不得高于 75%，如果平时考试的成绩占比超过总评成绩的 50%，则这次考试必须放在期末考试时间段进行。这些规定确保了考核方式上的多样化，不是由期末考试的成绩决定该门课程的最终成绩。

2. 公平应对质疑处理

麦吉尔大学的考试章程中指出，当学生质疑课程的最终成绩时，每名学生都有一次机会向任课教师或评卷教师提出询问，接受问询的教师必须给予打分的依据解释。如果学生对解释不满意，有权向校方申请委派第三方人员进行重新阅卷。这种对申诉质疑的回应处理方式极大地维护了考试的公平和公正，也维护了学生的权益，既能对学生的学术水平进行合理评判，提高学生的学习积极性，又能督促教师更为严谨地对待考试和阅卷。

3. 完善的预案准备

麦吉尔大学设立了副考官制度，如果任课教师或主考官出现突发情况不能按时参与监考，可以由副考官代替进行。同时，如果考官或阅卷人存在利益冲突，则不能参与监考阅卷。这些规定都由专门的委员会负责执行，处理考试过程中随机出现的突发情况，有效地减少了因流程出错而产生的潜在冲突和混乱，也是考试流程成熟完备的一种表现。

4. 人性化的保障措施

麦吉尔大学针对残疾学生、因宗教信仰而有特殊要求的学生、因疾病或家庭出现突发事耽误考试的学生均有相应的考试管理方式，如可以申请延期考试，或提供特殊的保障措施等。对于有正当理由未能参加期中考试的学生，任课教师还可以酌情将期末考试成绩占总评成绩的比重提高。这种人性化的保障措施体现出了对学生的人文关怀，是高等教育水平高低的一项软性标准。

三、国外案例对我国考试管理的启示

（一）建立分级评价，严肃考试纪律

我国在考试评价方面可以借鉴哈佛大学的评价制度，将成绩划分为五个等级(A—E)，在每个等级之中再进行细分(A+，A 和 A-)，针对不同的等级有不同的奖惩措施，从而使学生在学习备考的过程中可以有的放矢，有目的地进行学习。

同时，考试观念要更公正，考试纪律要更严肃。当前有些监考老师对学生在考试时的违纪行为并未认真记录上报、部分任课老师"划重点"的行为，都会损害考试的严肃性。对此，国内高校应参照哈佛大学严格的考核要求，对违纪行为一经查处，绝不留情，情节严重者可以进行退学处理，从而使学校的学风更为严谨求实。

（二）加大作弊处罚，建立道德监督

我国高校的作弊之风屡禁不止的一大原因是学生对于作弊的观念不明晰，认为作弊与个人品格与道德没有联系。因此，我国高校应该在落实考试章程上下功夫，对各个流程进行严格的监督和考核，做到"有规必守，违规必罚"，使学生产生敬畏感，在平时学习和生活中能够更好地进行自我约束，在今后的人生中也

能保持正确的价值观。

自觉遵守考试规则的意识可以体现学生自我约束能力的水平和道德感的高低。在西方国家，学生遵守考试章程是遵守契约精神的具体体现，而在我国新时代道德体系下，青年是实现中华民族伟大复兴的先锋力量，习近平总书记勉励广大青年"要把正确的道德认知、自觉的道德养成、积极的道德实践紧密结合起来，不断修身立德，打牢道德根基，在人生道路上走得更正、走得更远"。要成才，先成人。青年学生在考试过程中体现出的素质水平会反映出他们的价值观，高校要在日常教育和考试管理过程中强化青年学生的道德养成，以严肃考风考纪的方式引导学生树立和践行社会主义核心价值观。

（三）细化管理条例，于细微处见关怀

一流的大学必然是充满人文情怀，要处处体现出对学生人格、尊严和价值的尊重，以此提升学生的道德水平。目前，我国高校还没有明确的申诉机制让对自己的成绩得分有质疑的学生依规进行申诉。对此，我国高校可效仿麦吉尔大学，允许学生提出申请，并引入第三方评价机制，对有争议的考卷再次评分。同时，当学生出现个人生活与考试相冲突的情况时，学校应当给予相应的解决方案，并将这些方案和预案写入章程，使监考老师和任课老师能够有规可依。总之，校方应当做到真正的人性化管理，以学生为本，从学生的需求出发，在管理过程中体现出对学生的关怀。

第三节　高校考试管理工作的改革

当前，高校教学中，考试是非常重要的环节，既可以对学生学习成果做出检验，又是教师教学水平的客观反映，所以，高校加强考试管理是十分必要的。基于此，本节主要论述了高校考试管理工作的改革与创新相关知识，仅供参考。

作为一种评价手段，考试是非常重要的教学环节。随着社会经济的快速发展，高校深入推进教育改革，考试管理也面临更多的挑战。但近年来，高校考试管理

工作中，一成不变的考试方式与流程，风险监控标准不完善等问题层出不穷，高校考试管理中，如何采取有效措施解决这些问题，以便更好地顺应时代潮流，为人才培养目标的实现做好服务，是高校考试管理工作面临的首要任务。

一、当前高校考试管理理念

高校教学中，考试管理旨在保障考试的公正、科学与公开性。当前，我国高校考试管理工作中，内容复杂且周期性强，考试项目多。一般高校教学中，教务处负责处理考试管理工作，例如期中期末、补考、清考以及英语四六级考试。这些考试规范比较明确，且要严格依照国家教育部考试中心规定，确定考试费用、考生资格审查及考点申请等。但因高校考试管理工作还不够完善，比如监督机制不够完善、信息反馈机制的试卷评阅规范性差及教考分离不明显等，这些问题对考试管理作用的发挥造成了很大的影响，因而"依法治考"已成为现代高校教育改革与创新的必然形势，所以高校逐步完善考试管理工作是十分必要的。

二、高校考试管理工作的改革与创新

（一）改革考试内容

高校考试中，根据教学大纲进行命题，确保学生"三基"掌握情况得到充分反映以及解决问题的综合能力有所提升，试题中应尽可能避免知识机械记忆与再现，充分发挥考试塑造作用，以此促使考试能全面测试评价学生的知识、能力与素质。当前高校考试管理中，制订考前方案，将考试与教学目标融为一体，根据教学大纲符合性的特点，检测考试内容是否符合教学目的。一方面，帮助教师梳理命题思路，克服出现随意性的考试命题；另一方面，在更好地引导学生掌握基本理论、知识与技能的前提下，培养学生养成良好的创新意识与能力。

（二）提高信息化考试管理水平

1.考试形式的信息化

随着现代信息技术水平的提高，少纸或无纸化考试形式广泛应用于高校教学管理中，例如通过试题库命题，利用计算机上机考试，应用机读卡方式进行英语考试，有的甚至采用网络考试。同时，随着高校信息化的推进，无纸化考试形式将是未来考试趋势，有效解决了传统考试命题与评阅方面的问题。

2. 分析评价的信息化

教学中，采用教学信息化平台，公布形式不同的如测验、问题交流等考核与调查项目，采用信息平台或技术做好分析统计，并将结果实时反馈给教师，增强教学考核的科学与时效性，引导教师及时采取有效措施解决教学中存在的不足。

3. 考试档案的信息化

随着扩招，考试档案种类与数量日益增多，例如作弊、考试分析及改革等方面的档案，传统管理手段已无法满足实际需求，信息化档案管理系统的建立显得尤为重要，以此更加有效的收集、整理、保存与评阅等档案资料。同时，借助校园网络，上传考试数据与档案，便于相关部门查询所需资料，为办事效率的提升奠定基础。

3. 对考试制度进行完善

高校教育管理中，为了深入推进考试改革，构建完善与科学的考试制度，规范考试拟卷、实施、质量分析、资料存档及考卷印刷等环节，实现严肃、科学与规范的管理考试，为高校考试改革提供了重要的参考标尺与准绳。同时，为考试管理建立相应的改革机制。高校教学中，为了持续、连续化进行考试考核，固化考试改革成果，高校必须要为考试改革构建相应的机制与措施：确保教研室拥有充分自主权，依照课程性质、特点与需求，自主确定考试改革内容与方法，在教学中，充分发挥老师的主导作用。

4. 为考试改革创造良好的环境

树立现代考试意识，为高校考试改革创造更好的思想环境。传统考试中，考试目的在于帮助学生掌握更多的知识，现代考试理念是基于"人性"出发，以学生整体素质的全面发展为基础，考试目的不是单纯的引导学生掌握更多的知识，而是强调利用考试，帮助学生掌握学习技巧，增强其知识掌握能力。因而高校必须要树立现代考试观，改革教育体系，秉承"以学生为本"的现代教育理念，增强考试对教学质量与效果的反馈与激励作用，推进教学改革，基于人才培养，落实"考试育人服务"的原则，在高素质与创新型人才培养中，充分发挥考试的作用。

5.加强建设考试管理队伍

社会转型发展时期，高校考试管理中，必须要重视人员队伍建设，提高管理人才的素养。考试管理中，人员必须要具备一定的政治素养，坚持原则，了解学校各项考试管理机制，严格保密试卷。在业务方面，考试管理人员必须要熟练，能力强，有较强的服务意识，在实践工作中加强政治学习，以免工作出现失误。另外，还要具备创新务实精神，为考试管理开拓新的模式、方法、技术与手段。

综上所述，高校教学中，考试管理非常重要，旨在对学生知识掌握度进行综合检测。所以，高校考试管理中，必须深刻领悟现代素质教育精神，创新教学理念，重视考评内容，对考试加强管理，从根本上提升考试管理水平，为教学质量的提高奠定基础。

第四节　学分制与高校考试管理

学分制是当前在许多高校都实行的一种管理制度，这种制度结合学校的一些规则，同时为了学生的发展而设立的一项制度。多数高校的大学生为了能够顺利毕业而努力修够自己的学分，这种情况在很多高校已经普遍实施了。学分制的实施是为了让学生根据自己的情况去选择自己想要学习的课程和督促自己学习的一种制度，这种制度对学生的个性以及多样发展提供了良好的基础。但是如果一味地追求得到学分，从而糊弄过关，就没有达到学分制的实施对高校考试管理的要求。因此，本节将会探讨一些学分制实施的管理办法，以促进大学生更好的学习。

学分制对于大学生来说是相对先进而灵活的考试管理办法，学分制给学生提供了一部分自主学习的课程以及时间，可以提前修得学分，也可以在没有修够学分的情况下去补修这门课的学分，这在一定程度上给学生提供了自由选择的空间，可以让学生自由全面地发展。但是这种考核方式如果不被重视，学分制真正的作用也难以发挥，也就无法塑造高素质的人才。

高校实行学分制本身具有非常大的好处，许多高校的学生在这种自由的环境下选择自己想要去修的课程，同时学校为了学生圆满完成学业，也设定了许多必修课程。如果学生按照自己的计划跟从学校的这种学分制的考试管理，多数学生会顺利修得学分毕业。

一、坚持科学的考试形式

科学的考试形式是对学生真实能力的考核。对于学生来说，他们的能力如果只是凭借单纯的知识考试，是完全不能检验出学生的真实水平的。这种固有的背诵的题目只是测试了学生掌握的一部分知识，给学生造成了很大的误导，认为在高校只要突击一下就可以随便得到学分，从而不会深入思考，使许多学生失去了思考与锻炼的能力，死记硬背的形式已经完全不能适应新时代对大学生的要求。因此，必须要合理地安排成绩的结构，既要把平时的表现算入到总成绩中，也要看重学生的课堂回答、道德品质以及一些报告等计入成绩，使分配合理，从而按照比例，形成多样化的综合成绩，这种相对科学的形式是对学生成绩的科学评定，真正的考试要落实到学生的整体素质与发展中，才能发挥当代大学生的才能，才能有益于大学生的发展。

二、实行公平的考试制度

学分制的发展就是要避免不公平的现象，对于当代的许多大学生来说，他们已经具备了足够的能力辨别是非。对于自己的学习成果而言，每一个大学生都想用自己的最好成绩来回馈自己。但是如果没有公平的考试制度，学生就发不了自己的真实水平，这样就会大大打击学生的自尊心和进取心，公平的考试制度是一个学校文明与否以及先进与否的一个标志。因此，学校要完全从学生的利益出发，把学生的成长放在优先的位置，对于考试而言，要重视学生的创新能力、重视学生的动手操作能力、重视学生的思维发展能力，而不是一味地看重学生的记忆和一些简单的知识背诵，这在一定程度上扼杀了学生的积极性与创造性。作为高校的老师，就要从学生的未来考虑，对于笔试而言，要有严格的考风。此外，教师对一门课程的考试要经过合理的安排，不偏向，不漏题，确保每个学生都有公平的机会，对于平时的表现成绩，教师也要合理安排，做到公平公正，不走后门。

三、落实科学的成绩评定

科学的成绩评定才能有客观公正的学习成绩，才能真正反映一个学生的真实水平。教师在成绩评定上要客观和亲力亲为，为学生的最后成绩有较为准确的评定，而不是随便有个成绩就了事。

四、建设规范的评价体系

教师对学生的评价，关系学生的学习状况以及发展，学分制的实施就是要求学生能有良好的学习状态，让学生自由地选择自己的兴趣，充分发挥自己的长处与优点，从而使每个学生充分的学习，这样就能全面提升学生的综合素质。例如，教师在课堂上不能单凭自己提问的一个问题，学生没有回答好就否定学生的能力以及对知识的掌握程度。相反，教师应该与学生进行沟通与交流，了解学生的思维与想法，就会及时掌握学生的动态，对他们做出合理的评价，通过这种多次的交流，学生也了解到教师的想法，教师也明白了学生的态度，从而有益于学生能力的提高。在课堂上能够了解学生，课下与学生交流，再加上合理的互动，教师最后给出学生的才是一个合理的分数，也才能建设规范的评价体系，让学生正确地走向自己的发展之路。

高校实行这种学分制就是为了每个学生自由健康地发展，也为了学生广泛的学习，这种灵活的考试管理方法实施恰当就会激发学生的热情，让大学生在思维活跃的课堂中学到更多的知识。因此，高校要重视这种制度的实施，给教师分配一定的合理的任务，让教师与学生合作，真正为学生整体素质的提高做出自己的努力，让学分制管理的惠处落实到每一位高校学生身上。

第五节 高校考试管理的要点

考试是学校教学工作中十分重要的环节，它不仅能检查日常教学工作的运行状况，还能起到监督教师教学效果与学生学习情况的作用。本节简述了当前高校考试管理所存在的问题，并从问题入手找出考试管理的要点提出了相应的对策。

一、考试管理机制

考试不仅是我们对日常教学效果的一种检测，也是对学校教学情况和教师工作的检测。所以，对考试质量的管理与监控，不只体现在期末考试的一个环节中，应该贯穿在教学过程的每一个环节。因此，学校应制订相应制度，由分管教学的校长定期召开会议，邀请教务处有关人员、院系部主任参加，共同研究当前考试过程中所存在的问题，探讨如何改善课程考试改革的具体措施，提高课程考试的质量。同时在试卷命题质量、阅卷质量方面要严格实施分级检查管理制度，这样形成一个有组织有领导的考试管理机制，能够对考试有效快速的监管。只有拥有这样完整的管理机制才能确保考试管理的具体措施能够快速有效的实施。

二、考试体系

考试是保证教学质量的重要手段，考核结果是否公平科学，都直接影响了学校的管理水平及学生的学习热情。因此，在整个考试体系中，首先要根据教学大纲要求，对考试的课程所涉及的学生需要掌握的知识和能力的要求来进行综合考核，在检验学生对该课程的基本理论与基本技能的学习情况的同时也能检查学生分析与解决问题的实际能力。这样明确了考核学生的综合能力的考试体系的目标，后面针对不同课程考试管理工作细化方可有效开展。其次，以考查学生综合能力为前提针对课程的不同特点，开展不同形式的考试。比如可以开展口试、开卷考试、闭卷考试、实践性考试、成果性考试、课题性考试。应逐步实行教考分离，避免考试出题、阅卷工作的主观性和随意性。总之我们确定考试方案需要结合课程、专业和职业对学生的要求。培养出企业、社会、国家需要的高技能型人才。

三、考前诚信教育工作

思想政治工作是一切工作的前提。考前对学生做好思想政治教育，尤其是诚信教育。思想教育影响的不仅是一时，而是培养学生一个长久的自我约束能力的重要手段。营造一个肃然、有序、公平、公正的考试环境，利用学校的广播、报栏、电子屏幕、校园网络媒体、板报这些形式进行宣传，让学生了解、掌握学校的有关考试制度，培养他们正确的考试意识与观念。考前工作应该不仅仅针对学生，教师的思想教育也很重要，教师的思想对学生的感染也促进了学生的思想进步，所以，加强教师的思想教育提高教师的素质也势在必行。

四、考中严肃考试纪律

一个学校学风的好坏和考风有着密切关系，两者相互促进、相互作用。学校应建立校、教务处、系部由上到下考试检查小组，加大考试的检查力度，严格实施考试的管理，杜绝考试舞弊行为。在具体实施方面，考场的设置可借鉴如高考，英语四、六级等考试的经验，学习这些考试成熟的操作流程和操作规范，在考场的监考方面，每个考场应根据考生的人数安排监考教师数量，不能随意减少，坚持回避制度，避免本院系教师监考本学院的学生。增加考场巡视工作，巡视的工作不仅是对整个大的考场整体的监督，还应该对监考人员的监考情况以及学生的考试纪律进行监督，对在考试纪律方面有违反的监考人员和学生及时反馈给相关部门，坚决杜绝考试徇私舞弊的行为发生。

五、考后工作

考试管理不仅只是针对考试时的管理，考试后的工作也相当重要。对违反考试纪律的学生一定要做到及时、公正的处理。这样一方面可让违纪学生受到相应的处罚，认识到考试的重要性，端正考试态度；另一方面学校也应该从中吸取教训，并以此为例起到教育别的学生的目的。考试结束后，阅卷工作也非常重要。通识必修课试卷要求集体流水评卷。专业课试卷要求各教学单位统一组织评卷。对同一课程，实行统一地点、统一时间、试卷密封、集体评阅、流水作业、全面复核的试卷评阅制度，结合本专业情况制定本院系部评卷实施规则。试卷评阅要依据标准答案或评分要点，保证客观公正，杜绝人情分。所有试卷都要经过复核程序，复核签字手续要齐全。只有一位任课教师的课程，系（教研室）主任要指定另一位教师对该课程的试卷进行复核。阅卷完毕，要做好试卷分析工作，检验出学生学习效果如何，教学效果如何、教学质量如何、教学中还存在哪些问题与不足，方便我们找准缺点完善教学。

随着考试管理改革方面的不断深化、学校各种考试规模的不断变大，有效地强化学校的考试管理刻不容缓。针对考试管理的要点采取具体的管理措施不仅可以保证考试的公平性，也能帮助学校准确找准教学重点。与此同时，强化考试管理不仅是我们为了适应高校教学飞速变革的步伐，更是我们提高教学质量的一个手段之一。总而言之，抓准考试管理的工作要点，针对要点强化学校的考试管理工作，这是学校的进步，也是为了培养出社会需要的人才。

第六节　高校考试管理的改革思路

在新一轮的高校改革背景中，传统的考试方式受到了很大的冲击，越发难以达到新的人才培养方案的要求。本节从考试本身以及其相关方面分析，表述了考试改革的迫切需要以及其对于人才培养方案的影响，并就考试制度的优化改革提出了一些意见。

对于高校的考试管理部门来说，考试可以查验教学目标是否达到、教育管理方法是否得当；对于教师，可以检验其教学的方法是否可行、教学创新是否可取。对学院而言，考试对其改进教育教学管理、改进教学目标和方式、提高教学质量起到了推进作用。考试对人才培养方案以及高校教育教学活动的执行具有很大的影响和制约能力。要想在高校教育教学改革的环境中顺应潮流，培养出时代所需的人才，就必须通过一定的研究和探讨，深化高校考试改革，从而形成一套适应人才培养方案的考试规章制度。

一、考试目标的明确

考试对人才的选拔具有重大的制约力和影响力，是作为一种主要的人才培养选拔方法。它不仅直接制约和影响人才培养的质量，也直接制约和影响着教师与学生教学和学习的态度、动机、价值取向、行为选择等，并且还影响着人才培养方案的执行过程。只有建立科学、公正、合理的考试制度，才能培养和选拔出真正优秀的人才。因此，我们必须有一个深刻而明确的认识，考试制度出问题导致人才培养方案的执行出现问题，进而影响到整个教育教学的进程。要根据人才培养目标，对专业考试大纲的所有课程制定明确的理论课考核重点、方式和试卷结构，并对实践课的考试方案、方法等提出明确的要求，让教师和学生有明确的课程目标，避免在教学和学习的过程中，教学和考试相脱节的现象。

二、正确认识考试的功能和作用

考试的功能、作用、影响可以是多方面的，既具有积极、正面的作用，也有消极、负面影响。主要的功能是检测功能就考试本身来说，其他因为考试造成的影响都属于衍生类的问题。即使是其本身具有的检测功能，也受许多因素的制约和影响，不一定能真实完整地反映参加考试人员的能力水平与实际学习情况，其检测的结果不一定是科学的且合理公正。从客观的角度来看，影响到学生的考试结果有很多种，教师的考前复习、考试的侧重点和难易度以及考试内容是否合理是否科学，教师上课时的态度和对课程的责任心，考试的评定方法和评分标准、阅卷教师的评分尺度等。从主观上来说，学生自身的学习态度、目的、动机以及对课程的复习程度和兴趣，将直接地影响学生的考试结果，还有考试临场发挥时心理和身体上的健康等因素。不管以上哪一种因素都直接或间接地影响着考试，太多的制约、限制因素影响着检测的真实性、可靠性、公正性。使其检测功能具有很大的局限性，不能完全反映实际情况。

三、明确考试和人才培养的关系

人才培养是一种知识的长期积累、掌握、综合的过程，是教育教学的各个环节逐渐升华和深入的过程，是多种学科和类别的知识相互融合，多种途径和培养方法相互渗透的过程。教学体系中的重要内容是缺少不了考试，为人才培养目标的实现提供了重要的方法和手段，在高校的教育教学过程中有不可替代的作用。教育工作人员应该正确地认识考试的地位、目的和考试本身存在的缺陷。在实践中，一方面要对具体教学的规范、引导和反馈职能在考试中的发挥，另一方面要深入研究考试本身，对考试内容、模式和方法进行进一步的研究探索，寻求考试改革的方法方式，使考试对开展教学活动起到很好的引导作用。高校要培养出具有创新能力、高素质的全面发展的人才，需要对考试相应的改革做出决策，对考试的要求、内容和考试方式进行调整，使其与人才培养方案的目标和要求相一致，否则，就只能培养出适应面窄、高分低能，缺乏创新意识和创新精神的学生，就不能达到人才培养的目标，无法适应当今社会的需求。因此，考试与人才的培养选拔是辩证的、是起相互作用的，促进人才培养计划的施行要从科学而完善的考试制度入手，而反过来人才培养计划的顺利实施和推进又能促进考试制度的日益修正和完善。

四、采用灵活多变的考试方式

高校是培养专业人才的地方，在培养方面高校贯彻的是研究性、探索性及创新性三大特点，高校教学重要的是使学生能够灵活地运用自己掌握的知识，通过自己的探索创新从事各种工作和活动，而不仅仅是让学生掌握、理解书本上所学的理论知识。对于所学的理论性知识，贵在理解和体会，不必花费大量时间去死记硬背，要学会活学活用。在掌握理论的同时，应该培养学生独立的思考能力，让学生利用更多的时间和精力去思考创新，发掘自身的潜力，去分析，去研究，去探索，去广泛阅读各种书籍，从而进行符合需要的创新理论和实践工作。高校的教学目标和大纲，主要是要求学生能够结合所学的理论知识，通过对实践活动对理论进行分析和探索，而不是要求学生死记硬背课本上的理论知识。从而使学生不仅能够了解所学知识正确、合理、科学的一面，也能开发他们探索和求知的欲望，发挥潜能，发现理论知识具有局限性的一面；既能结合所学正确、合理、科学地去做创新性的实践活动，也能够了解和懂得如何针对特定知识的局限性去完善、弥补其不足的方面。

考试方式以开卷形式进行，可以使学生的思想从死记硬背的知识中解放出来，使其有更多的时间进行分析、思考、探讨、钻研。才能够激发学生的学习兴趣，让他们积极主动的学习，改变传统的被动式学习，并能以创新性的思维深入到学习中掌握知识，而不是被知识左右。其次，把考试有集中形式改为分散形式。目前各个高校普遍使用的集中考试是将一些基础课和专业核心课安排在学期末的 1～2 周内统一进行，这样的考试安排会对学生的心理造成很大的压力和负担，使学生很难在考试过程中发挥自己的正常水平。分散考试，就是不再采用期末集中考试形式，而是按照院系对各门课程规定的考试大纲，在平时的教学、实验等活动中进行分阶段的考核和评定。这样既能缓解考试给学生带来的压力和负担，也能够及时地了解学生的学习能力、创新因素等情况，从而可以及时并有针对性地强化这方面的训练。不仅如此，分散考试还能避免学校财力、物力等的资源浪费。

考试方式要多样化，做到开卷和闭卷相结合。既要抓紧理论知识的考核检测，也要对个人素质、能力、创新方面的因素突出严格的要求；既可以针对某一个或几个点进行考核，也可以在一个更大范围对更多的内容进行综合性的测试；既可以对某个范围内的全体学生进行考核，也能够对个别学生进行考核。

总之，一方面，要有效地保证考试的合理性、科学性、公正性，使其能准确、及时地体现学生的真实知识水平；另一方面，要尽可能让学生在宽松、愉快、和谐的环境中学习和考核，不能造成学生的紧张、焦虑、压抑与苦恼。在高校考试管理的改革中，我们不仅要建立健全的考试管理体系，规范考试的方法和方式，还要从人才培养和学生角度出发，认清考试的本质和对于人才培养的意义，只有如此，才能在师生中树立正确的考试观和学习观。并且从考试本身出发，还要不断地探索更科学的考试方式方法，扩展学生的学习思维，培养更多服务于社会的优秀人才。

第六章　高校考试管理的创新研究

第一节　高校考试管理的一个视角

　　做好高校考试管理工作，考试档案是重要抓手。目前高校考试档案存在着考试档案管理人员对考试档案管理重要性认识不足、管理乏力，考试档案利用率低、服务面窄等问题。通过增强考试管理人员的档案意识，对考试档案进行分门归类，构建双轨制考试档案管理模式，考试管理与考试档案整理同步进行，加强考试档案研究，提高考试档案利用率和服务面等措施，可有效推进考试档案管理的科学化。

　　人才培养是高等院校的主要职责，教学是人才培养的中心环节，考试是教学测量和评价的重要工具和手段。考试在考核教师教学效果、检测学生学习成效中所起到的反馈、调节、评价和促进作用，暂无其他手段可以代替。作为教学管理的重要环节，考试管理服务于人才培养，服务于高等院校的核心使命，在高校整体管理工作中具有重要地位。

　　作为高等院校的一项常规工作，考试管理工作责任大，时效性强，要求高，牵涉面广，且直接关系到学生的切身利益，要做好并不容易。教育部考试中心曾下发了《国家教育考试战线工作人员职业道德素养及法律法规教育培训》的学习材料，从国家层面对教育考试工作人员职业道德素养和法律法规方面提出了明确的要求。换言之，考试管理工作不单是一项事务性工作，它本身对考试管理工作人员素质有着严格要求。考试管理工作任何一个环节出现偏差和疏漏，都会给工作带来被动。有没有一个渠道，能有助于做好考务管理工作呢？答案是：考试档案。虽然考试总会带来大量形成考试档案的考试材料，但考试档案给人的总体印象还是"养在深闺人未识"。考试档案的重要性毋庸置疑，但仍未被提到应有的高度，而容易为人所忽视。要做好考试管理工作，考试档案是重要的抓手和工具。

一、高校考试档案管理的现状

高等院校考试档案管理工作一般由教务处下设的考试管理部门（一般称"教务处考务科"或"教务处考试中心"）负责，此即校级考试档案管理责任部门。二级学院考试档案一般由教务秘书负责。学校与二级学院的考试档案管理责任部门虽然在管理考试档案方面做了大量工作，比如定期收集整理保存历年的期末考试成绩单、试卷、签到表、考试安排表，按考试场次收集整理保存历年的等级考试考生签到表、诚信考试承诺书、监考安排表、考生名册、违纪作弊报告等，但在实际工作中还存在亟待改进和完善之处。

一是考试档案管理人员对考试档案管理重要性认识不足，管理乏力。考试档案管理人员做档案收集工作，主要还是因工作本身需要，工作被动性明显，主动性、自觉性不够；缺乏档案管理意识，缺少以对历史负责的态度做好考试档案管理工作的决心。在实际的考试档案管理过程中，随意性强，而科学性弱，这就导致考试档案系统性、完整性和规范性不够；查询起来不方便、不便捷，甚至因责任心不足而造成一些重要考试档案遗失。

二是考试档案利用率低，服务面窄。就利用主体而言，还存在主体面窄、使用目的单一的问题。考试档案局限于向考生和用人单位提供成绩及学历证明和查询服务，其面向社会的服务功能，如为科学研究、制定政策提供第一手资料的功能未能有效发挥出来。"就利用对象——档案本身而言，存在着门类不全，内容单一和文件材料收集不全的问题。"

二、考试档案的定义与分类

考试档案是指在考试前、中、后形成的关于考生考试信息的真实、完整、准确的记录，包括与考试相关的文件、通知、简报、会议纪要、考生信息、考生签字材料、考试命题数据库、考务办公室下发的各种资料等。考试档案是教学档案的重要组成部分,是考试管理工作"活的教科书"。考试档案在考生考试作弊处理、考生维权、成绩证明、学历鉴定等方面发挥着重要作用。

(一)档案载体

从档案载体的角度,可分为纸质档案和电子档案。纸质档案是指以纸质形式和状态记录考试全过程的考试材料。电子档案是指以电子数据、图表、图像等形式,以电子存储器件为媒介,记录考试全过程的考试材料。纸质档案和电子档案在考试管理工作中各有其价值,区别在于保存媒介、保存内容、保存时间及利用途径不同。

(二)考试流程

从考试流程的角度,可分为考试前、中、后三个阶段。

考前材料包括:考生的身份证号、照片、姓名、学号、班级、报考科目、报名费等报名数据;考生的考试时间、地点、准考证号,监考教师的监考地点、监考时间等考试安排情况;上缴给考办的报名费转账支票以及与学校财务管理部门来往的票据等。

考中材料包括:考试违纪作弊的证据(如带有作弊信息的手机)、违纪作弊考生和监考教师填写的考场纪实、标准化考场(比如机房)等级考试的考场录像、考生签到表、监考教师签到表等。

考后材料包括:违纪缺考考生名单(违纪就没有成绩,缺考将影响下一次考试报名)、监考教师调整报告、考试成绩、考试证书下发的签收记录及上报给上级考办的所有考试材料等。

(三)考试类别

从考试类别的角度,可分为常规考试、等级考试、社会考试三类。

常规考试是指高校为了考核学生课程学习成效、检验教师教学成果而举行的直接与学生学业挂钩的考试,是高校的一项基础性管理工作,其常规性在于考试系高校于固定的时间段定期举行。主要包括期末考试、开学初缓补免考、新生入学选拔考试、毕业清欠考试、重修考试、学位考试、结业换证考试等。

等级考试是指高校为满足由社会经济形势变化带来的社会对人才的新要求、配合上级考试管理机构举办的英语和计算机考试。因该项考试科目、考试难度以等级区分，故常被命名为等级考试。主要包括全国计算机等级考试、全国大学英语四、六级考试、省高等学校计算机等级考试、英语专业四八级统测（含口试）等。等级考试在当下的高校考试工作中已占据重要地位，成了高校考试管理工作的重要组成部分。

社会考试是指高校利用自身拥有的包括教室、机房、监考教师和考试管理工作经验等在内的软硬件考试资源，主要是面向社会在职人员提供的职业考试类型，如公务员考试、国家司法考试等。

三、考试档案的作用与价值

（一）就整体工作而言，考试档案是指南

考试档案就是考试工作的指南针，这基于考试工作程序化、周期性、流程化的特征。什么时候报名、缴费、领取准考证、考试、公布成绩、复查成绩、下发证书，都有一个相对固定的时间节点。一些需要通过专门的考务软件操作的等级考试材料，如监考单、准考证、考试安排表等，都可以以前期考试档案为凭据。有考试档案在手，工作起来就得心应手，考试工作的质量和效率就能得到保证。尤其对新走进考试管理工作领域的同志而言，了解和熟悉考试档案是尽快进入工作状态的法宝。

（二）就考后服务而言，考试档案是答案

考试档案记载考试活动的全过程和考试整体状况，它往往不经加工而保持原貌，真实地保存考试过程的各种证据，成为考后处理问题、查证、研究的凭证。

考试档案能起到追根溯源的作用。如某单位来函，请求确认某同学成绩或考试证书是否真实有效。直接进入考试成绩数据库，按照该单位提供的学生姓名、学号和身份证号准确定位考生，从中查出原始成绩，即能回答单位的问题。能否就考试成绩或考试证书事项给予妥善的回复，直接关系到该同学能否为该单位所

接受，关系到其就业权的实现与否。又如某毕业生毕业当年因计算机或英语等级考试未达到授予学位的要求故未能被授予学士学位证书。在毕业次年年内一定期限内如能取得计算机或英语等级考试成绩，通过考试管理部门提供的成绩证明，该毕业生就能获授学位证书。认定考生违纪作弊。围绕考生违纪作弊产生的监考教师填写的《考场纪实》、考生填写的记录考试主要经过的《考试记录表》、考生辅导员填写的《考试违规处理谈话记录》能为认定考生是否违纪作弊提供有力证明。考试管理部门提供的证据和材料是认定考生违纪作弊的基础和依据，否则，给学生予以违纪处理就无法成立。某同学某门课程期末考试成绩偏低，他认为是任课教师评分错误。考试管理部门通过调阅该门课程期末考试试卷及教师签字的期末考试成绩单，就能给学生一个明确的答复，让其认清自己该课程学习的真实水平，进而解除他的疑惑。了解在校生英语学习状态和整体英语水平，通过分析、比较、研究学校历年四六级考试成绩记录，即可得出结论。

考试管理部门考试结束之后对考试成绩等考务数据仍承担一定期限内的责任。考试档案能直陈答案，帮助考试管理部门直面问题。

（三）就工作交接而言，考试档案是纽带

考试管理人员的工作经验、工作技巧、工作责任心都凝结在考试档案中。教务管理人员有新进的同志，也有因换岗调整的同志，由此给工作的连续性带来一定影响。工作交接过程中，因时间紧，加上考试管理工作比较琐碎，难免挂一漏万。为保证工作连续有效进行，就需要借助考试档案的纽带作用——过往的考试档案会告诉我们工作如何做，如何做才能做得更好。

四、考试档案管理科学化

（一）增强考试管理人员的档案意识

加强考试档案管理是做好考试管理的基础。考试管理人员要提高考试管理水平，首先要增强档案意识。考试档案管理得怎么样，反映出考试管理工作做得怎么样，从一定程度上反映出一所高校教育管理工作的水准。做好考试管理工作，

最重要的是要有责任心和虚心的工作态度。责任心突出强调考试工作不仅服务于一时，还存在后续服务、后续责任；考试工作中的疏忽会影响考生切身利益，马虎不得；考试管理人员要对考生报考信息、考试报名和考务费用、考试成绩和考试证书等负责。虚心主要是指要加强学习，尤其是与考试管理工作密切相关的档案管理知识和计算机技术的学习。理论知识的学习和操作技能的提升，有助于提升考试档案整理的完整性、准确性、系统性和安全性，从而促进考试档案管理工作的现代化、规范化、科学化。

（二）对考试档案进行分门归类

分门归类，就是将所有考试档案分为常规考试、等级考试和社会考试等三类后按树状图结构分别整理保存和利用。常规考试以期末考试为主，等级考试主要包括计算机和英语等级考试，社会考试包括学校为社会提供服务的考试项目，如各类员工招聘考试等。

电子档案同样分为三类，按树状图结构进行管理保存备份。如设置 D 盘管理等级考试的电子档案，可在 D 盘内新建四个文件夹，文件夹分别以四大类等级考试名称命名。然后，在这四个文件夹里面，把相应等级考试的电子档案按年份排布管理，年份里面包含考前、考中、考后的全部资料，查询起来一目了然。

（三）构建双轨制考试档案管理模式

双轨制考试档案管理模式即纸质档案和电子档案的整理同步进行。双轨制运行要注重逻辑性和条理性，要以实用性、系统性、准确性为整理原则。

纸质档案封面应标注收到时间和档案序号，按收到时间顺序排布。如查询遗失的档案，通过查档案序号便知。电子档案，包括 WORD、EXCEL、POWERPOINT、ACCESS、VFP、TXT 等文件类型，都应在文件名上编标档案序号、文件名关键词、版本、作者及完成时间，并做好备份。

（四）考试管理与考试档案整理同步进行

考试工作进展到哪一步，考试档案的收集整理就应该跟进到哪一步，要通过签字明确责任，留存档案证明责任。考试工作因为牵涉到考生、监考教师、考务办公室乃至上级考办的责任，故需要对相关工作责任进行明确。

交接重要考试材料要履行签字手续，签字就意味着要承担责任。如学校考试管理部门将等级考试证书下发给各二级学院时要签字，二级学院下发给各班级时也要签字。这样一级一级签字，责任就一级一级分解，每一级的责任都非常明晰。当出现毕业生到学校领取不到等级考试证书需要明确托管责任、当等级考试答题卡装入试卷袋需要认定混装责任等情况时，就得查原始考试档案。

（五）加强考试档案研究，提高考试档案利用率和服务面

考试在一定程度上反映了学生的学习情况和教师的教学情况，一定程度上反映了学校的学风、教风和考风考纪。汇总整合考试档案并进行研究，为学校提供咨询报告，提取有价值的资料应用到教学管理工作中，并为教务管理部门、学生管理部门决策时提供参考依据，这是考试管理工作的职责所在。考试档案管理工作人员不仅要做好考试档案保密工作，还要做好考试档案的开发与利用，使考试档案由过去的以藏为主转化为以开发利用为主。

只要考试管理人员增强档案意识，提升对考试档案重要性的认识，按照科学化原则收集整理保存考试档案，发掘考试档案中的重要信息，加大开发利用程度，扩大考试档案服务范围，考试档案重要性就能逐步显现出来，就能在高校考试管理工作中发挥应有的积极作用。

第二节　高校课程考试管理

我国的高等教育自 1977 年恢复高考之后，从精英化教育到 90 年代中后期转型，再到 21 世纪之后的高等院校扩招，目前已经发展为了大众化的高等教育且仍在不断发展之中。现在的高等教育呈现出现代化、大众化的特点。我国高等院校教育水平众多的考核指标中，有一点最核心的就是各专业的教育质量水平，这在很大程度上反映在各高校的课程考核上。而课程考核作为反映高校学生学业的水准，又需要该标准是有公信力的，尤其在现代高校课程考试中舞弊现象较为严

重，课程考核的水分较大，这也对其真实性和权威性提出了质疑。我国高校的考试舞弊、替考不诚信的现象较普遍，这也表明我国高校的课程考试存在诸多问题，急需高等学校教育工作者与行政管理者的共同努力。

一、高校课程考试管理的概念和作用

对于高校授课老师而言，没有分析总结就不能提高学生对专业知识的理解与把握，而课程考试后的总结工作对于提高教学质量有很重要的意义，只有不断分析总结，才能对学生掌握该门课程知识的程度有所把握，才能在下一届的学生的教学中进行调整，优化教学活动，提高学生兴趣从而为其专业知识的掌握提供方向。离开了课程考试后的总结，教师难以发现自己在其中的不足，也就难以提高自己的专业课程的教学素质，这对于教师而言是有百害而无一利。因此作为高校教师，应当对此引起重视。

（一）我国高校课程考试

高校课程考试，即高等院校为了检验所授课程是否达到人才培养目标以及高校学生是否具备本专业所要求的基本素质而进行的考试。它既是高校评价学生学业水平的直接依据，也是用人单位选拔人才的重要参考指标。课程考试的功能主要有四项：首先是测评功能，这也是能最直接反映学生在该学年对所学的专业知识的掌握程度；其次是对学科知识的融会贯通的考察，因各门学科的知识涵盖非常广泛，且内容较多，各章节间的关系往往需要学生在课后自己梳理总结才能完全掌握，而多数学生平时并没有这样的好习惯导致知识掌握碎片化，而课程考试则有利于其充分总结、整理，并最终形成该门课程完整的架构；再次是监督功能，通过课程考试有利于高校教育者对学生的专业知识的掌握进行监督，对于学生的学习、教育管理以及教师的工作的评价都可以作为参考，同时也利于灌输给学生求真、务实的作风；最后是评价功能，课程考试的结果汇总后可以作为教师教学考评的依据，同时也是高校学生获评各类奖学金的重要依据。比如国家奖学金和励志奖学金以及其他企业设立的奖学金都要求学生不得有挂科现象且各门课程考试成绩需要达到专业前20％，这有利于对优秀学生的筛选且可以树立好的榜样引导大家充分参与竞争。

（二）课程考试管理

课程考试管理意指对高校开设的课程所进行的考试的管理，更规范的定义是高校考试管理是主管的教育部门为评价教师的教学水平以及检验学生的专业能力而进行的考试管理行为。因此，我国的高等院校的课程考试管理需要从两方面做工作：一方面高校管理者要与上级教育主管部门充分合作，对学校的课程设计做符合学校特色的设置，同时也要不断提升高校管理者的管理水平，这样才能做好高校的管理工作，不断提高创新能力提升学校的教学质量。高校课程考试的管理要寻求突破、则需要把握好各因素的作用，要求高校的管理者能把握大局，从宏观层面做好管理工作，同时处理好整体与局部的关系，将一些细节上的事交给做事踏实、务实的得力助手去做，在多种因素制约的情况下，力争做到最好。

二、课程考试管理的作用

（一）考试管理为考试的公平公正提供保障

要组织一场高校的课程考试有多个环节。首先是组织各学科的教授、专家进行课程考试的命题，命题完成后做好试题的保密工作、之后由教务处排期、公布考试时间，组织安排考试，之后由各科教师收卷、批阅试卷、登记各科成绩到最后的各科课程考试分析并总结。任何两个环节之间都需要做到无缝连接，需要考试的主管部门也即高校的教务处以及课程考试的监考人员、任课教师等的通力合作，一旦在其中的某个环节存在重要疏漏就会影响到考试的公平公正。因此，根据高等教育主管部门以及各高校的章程要求，课程考试的试卷由命题组教师按照课程考核大纲命题，并且命题后需要审阅组的专家负责审阅，提出专业意见，通过后方能交付考试，这样就避免了命题教师随意命题，之后再按要求排期、组织考试、组织批阅、登记成绩，最后分析考试结果提出改善措施。若严格按照科学的程序操作就能够保障考试管理的科学性与作用，能够保证课程考试的公平、公正。

（二）考试管理为教学方法改进和教学质量提高提供支撑

大多数教师能够严格按照教务处的要求做好命题、批阅、登记考试成绩等工作，但往往忽略了课程考试后的分析总结工作，而这也是考试管理的重要一环。

（三）考试管理以抓考风促进学风改善

在严格的课程考试考风要求下，提高其自身素质，如诚信考试的风气的形成，对舞弊、替考的考试做出严厉处罚，让学生不敢作弊，促进考生的诚信意识的培养。通过这样严格的考试、良好的考风培养的学生，无论是在学校还是参加社会考试都会养成诚信意识，不断学习追求知识。

三、我国高校课程考试和考试管理中存在的问题

（一）高校课程考试管理目标不清晰

尽管高校的课程管理在近些年取得了很优异的成绩，但也存在不少问题，首要的问题是管理目标不清晰，认识不到位。课程考试的管理与高校教师日常教学的目标错位，一些高校组织考试不是为了促进教学，优化学生专业的学习而是为了对学生进行一些限制。又如一些课程的考试内容明显滞后于现实，教材用的是多年前的版本，没有及时更新，导致学生掌握的专业知识跟不上时代发展的需要，此外一些试题内容是任课教师自己出题导致试卷的质量达不到标准。还有些教师出题时并没有对试题的内容进行很好的区分，导致难以有效区分学生的专业掌握情况，达不到组织考试的目的。

（二）考试重理论轻实践

尽管高校已经意识到实践教学的重要性，且在课程设置上也增加了实践教学的比例，但在考试方法上仍然没有跟进，仍采用传统的闭卷考试方法，而这样的考试形式难以与实践教学掌握的知识相互对应，一些采用 PPT 展示、上台演示、答辩、现实模拟等类型的考核方法被忽略；二是考核中客观性的题目较多，而主观性题目较少，往往记忆力好的学生可以得高分，而创造性较强、解决问题能力

较强的考生难以被发现，这将限制学生的创造性与分析解决问题的能力；此外，统一考试较多，很多课程早已结课却要都等期末进行考试，这对于课程考核难以体现时效性，应当增加对过程性考试的比例，重视考查学生平时的专业知识的积累，而不是促进其突击复习。

（三）成绩评价方式单一，与教学实际脱节

当前，高校对学生的评价过于单一，以百分制或等级制的方式对学生课程成绩评定的方式最为普遍。尽管高校声称要加大对平时成绩的比例，但往往平时成绩与期末成绩的比例是 30%、70%，只有为数不多的高校开始进行课程考试改革，根据不同课程的特点将平时课程活动较多注重参与性的课程分数比例进行了调整，这些课题平时成绩的比重提高到 60%，而期末只占 40%，大多数高校仍按传统的方式进行，不对课程进行区分；显然采取单一评价的方式有诸多弊端，如实验课程，每次课做的不同实验，而期末也是做实验，平时的成绩显然比期末那次实验重要，若仍坚持之前的标准则会导致平时成绩处于弱势的不科学的局面出现。

因此笔者认为，不能片面的采取固定平时成绩和期末成绩的比例的方式，这样的方式有失公允，也不科学，应当根据课程的特点制定不同的标准。

（四）考务管理制度执行不力

上文提到的考试过程简单地说由试题内容设计、考试组织、试卷批阅、成绩统计及分析与总结组成。各高校在多年的教务实践中，已经形成了完善的课程管理制度，但制度是纸面上的，缺乏的是执行层面。有些制度流于形式，如命题方面，不考虑命题的科学性，不考虑课程内容的与时俱进，不考虑课程的考核方式是否能客观反映学生对知识的掌握程度，一些课程考后分析只是走个过场，对考试总结很随意，没有对该门课程的学生表现情况及自身存在的问题进行深入思考和反思。

而很多高校教师不注重高校课程的教学，却醉心于自己科研课题的申报。科研固然重要，但在做好教学工作的前提下去做好科研才是正道。若一心只想从事科学研究申请调岗到科研岗位，就不能既占着教师的岗位又不做教师工作，不

根据学生的表现来调整、改进自己的教学方法，如果这样就不是一名合格的高校教师。

高校的课程考试管理离不开高校组织的各专业学科的考试，而要发挥课程考试管理的积极效果则需对高校的课程考试有理性的认识和准确的定位。高校的课程考试与考试管理是相辅相成的，在给出高校课程考试管理的定义之前有必要先对我国高校课程考试及其定位进行了解。

这也是高校的常态，相信多数受过高等教育的同学都知道高校的课程考试是比较松散的，完全比不上大型的国家有关部门组织的考试如全国英语四六级考试、国家公务员考试、国家司法考试等，当然平时的高校课程考试也不用达到如此严苛的标准，但仍应当保证考试的公平、公正。最基本的考生身份的核实，对于考试替考、作弊者的严肃处理应当也是能够做到的，高校培养的学生作为未来社会发展的中坚力量，高校的教育管理机构以及教师应当对他们良好的考风及诚信负责，一旦纵容其作弊，对考试舞弊现象袖手旁观不仅会严重影响教学质量更会使得高校培养的人才经不起社会的检验从而否定该高校的声誉。

四、我国高校课程考试对策和建议

（一）明确高校课程考试目标

高校教师需要转变自己的教学目标，将教学中的教书向教学育人转变，教师在传道授业的同时需要为人师表，引导学生在学业上不断提高，自主学习，严于律己，完善自己的品格。在教学过程中不断提高学生的参与性，促进教学质量的提升。考试内容上要与教学内容紧密联系，试题设计上对考察的能力进行区分，既要考察学生的基本知识的记忆能力，同时也要考察学生的应用能力、分析能力和创造能力。对于之前考过的历年试卷应当尽量不使用原题，对于考后的分析，应当与日常教学实践充分结合，以此为契机，发现问题解决问题。

（二）丰富考试方式，客观反映教学实际

考试方式作为检验学生知识掌握水平的手段，它的改革不是最终目的但是很好的手段。可以从三方面入手：其一为创新考试内容，为避免任课老师出题的随意性和泄露考试试题，可以采取部分高校的办法，对课程设置数据库，同系的任

课教师出一些题给教研室，由教研室从中选出一定数量的题并完善成为最后入数据库的备选题，考试前由计算机随机抽取生成套题，交付考试。对于有条件的高校可以试点计算机随机组成题目的方式进行考核，如对于金融类、计算机、证券类的课程可以使用这种方法；其二是丰富多样化的考试形式，此前高校最常用的闭卷考试的方式容易使得学生死读书。而在这方面我们可以根据课程特点进行创新。以法学学科为例，理论性强的可采用提交课程论文、实践性强的可采用模拟法庭、案例分析、法律意见书撰写、法律文书的撰写等形式进行考核，这样的考试方式更能促进学生的实践水平的提高，同时又不失灵活性；其三，过程性考试增加，对于以往期末考试学生突击看书、熬夜复习的方式的弊端凸显，无法正确衡量学生的平时表现，为此应当调整期末考试与平时考试的比例，以突出平时学习的重要性。

（三）完善评价体系

这也是促进高校课程考试管理的一个重要方面，对学生的评价体系的科学与否直接关系到对学生的评价是否客观、准确。为此，我们需要建立全方位的评价体系，可从以下方面进行完善：首先，必须扭转课程考核只重视期末成绩的一刀切办法，对此应当根据课程性质做出区别对待。可划定一个区间，再由授课教师根据课程特点做出具体的成绩认定比例，这样既有利于教务管理的统一管理，同时也给予了任课教师一定的自主性。其次，平时成绩不应当是随意打出的，需要结合课堂参与情况、出勤情况以及课业变现、课程论文水平等综合评定，这样的评价才是客观、准确的，才能作为学生成绩评定的依据。

（四）加强考试制度执行过程监管

良好的考试制度离不开执行，而执行又离不开对执行过程的监督。对于教学制度脱离实际的应当予以删除，对于不能反映教学实践的制度应当予以修订，做到教学制度促进教学管理，促进学生的专业知识评价。此外，高校之间应当加强合作，可以在各自领域内邀请专家对教学考试管理制度进行评价，并不断完善。对考试过程中出现的违规舞弊现象严格按照校内章程、规章处理，做到违者必究。对于教学以及考试管理可以实施两级管理机制，各个学院对各自的课程考试方式、内容、成绩评定等工作负责，对于发现作假、舞弊的教师或学生进行相应的处理。而学校教务处则组织全校的课程进行考试，安排各科考试的排期，对考试情况进行抽查，并对学院在教学考试方面的工作业绩纳入到学院考评中来，从而确保制度执行到位，推动整个学校的教学质量不断提高。

（五）提升考试可信度与有效度

为了提升社会对高校课程考试结果的认可度，保障考试的可信与有效，除了要有科学合理的考核方式及与时俱进的考核内容，还得依靠严格的惩戒制度与良好的考试环境。正所谓什么样的环境培养出什么样的人，好的制度与环境能促使学生向好的方面发展，应坚持两个原则：其一预防为主。诚信考试，诚信品质的培养不是一朝一夕完成的，小到随堂测试，面试中的简历内容，大到国家的各种选拔、资格考试，从开学第一课就要让学生认识到考试舞弊可耻，诚信精神的可贵，以信立身，同时高校对于考试舞弊的制度进行专题教育与培训，通过对反面教材的说明让大家引以为戒，对于学生诚信考试、获得奖学金的例子也需要给予介绍，并引导他们向优秀学生学习；同时对于新进入高校的教师也要做好培训工作，要求其在平时考试以及期末等考试中杜绝考试舞弊行为。其二是标本兼治。从学生的日常学风抓起，促进其形成优良作风，加强师德教育，增强教师的责任感，使教师授课、学生学习都能和谐发展。

总而言之，我国高校课程考试及其管理是一个长期的过程，需要不断地总结经验、发现问题，解决问题。高校课程考试管理的完善，需要广大的高校师生一齐努力，相互支持，团结一致，需要我们不断探索、锐意进取，创新管理方式，最终才能实现教学质量的飞跃并促进学生素质的不断提升。

第三节　高校考试制度及管理

考试作为一项传统的衡量学生学习状况以及教师教学质量的手段，一直被各大高校所青睐。但随着时代的发展，高校的具体教学环境也在不断变化，传统的考试制度及管理在很多方面已经不能满足当前的实际需求，需要进行改革。本节主要阐述当前高校考试中存在的一些问题，重点针对这些问题提出几点解决策略，希望对高校考试制度的完善和落实提供参考价值。

考试是衡量教师教学水平和学生学习状况的重要手段，是教学非常重要的一关。制定科学合理的考试制度、规范考试的操作流程是保证考试效能的重要途径，也是高校教学管理的重要工作内容。随着高校改革的推行，高校的数量和规模不断扩大，高校的学生数量也不断增加，如果高校的考试制度还延续传统的操作流程，已经不能满足当前学校发展的需要，导致考试的质量和效果大大减弱。当前高校考试制度及管理中存在的主要问题。

一、高校考试制度及管理中存在的主要问题

（一）考试观念上的错误认识

考试是教育教学的一个环节，是为教育教学服务的。但很多高校并没有明确这二者的关系，反而将考试作为教学目的。这就造成很多学生在平时的课程学习中，不注重学习过程和知识的吸收，而是将拿到学分作为最终目标。很多教师的观念也存在误区，认为考试只是将学生该门课程的成绩统计出来，缺乏对考试情况的分析。此外，考试管理者将关注点放在考试纪律、奖学金的评定等外部因素上，从而忽略了考试本身。这些错误认识大大削弱了考试对教育所起的应有作用。

（二）考试内容设置不科学

纵观当前高校的考试模式，考试内容主要呈现以下几个弊端：首先，选题主观随意。考试的试题一般由任课教师编制，任课教师一般依照自己的喜好出题，具有很大的随意性和主观性，欠缺对学科的总体认知，对学生的要求不够客观；其次，考试内容单调贫泛。教材虽然是教师教学的依据、是学生学习的参照，但却不是唯一的教学材料。当前高校考试的模式主要是由任课教师从教材中划定考试范围，这就造成学生只关注考试重点，记重点、背重点，全然不顾各知识点之间的内在关系；最后，考试方式机械刻板，高校考试的题型一般都是选择、填空、简答等容易教师阅卷的客观题，而分析题、辨析题等主观题出现的较少，不利于学生个性思维的锻炼和创造能力的培养。这些不科学考试内容设置大大削弱了考试质量。

（三）考试方式单一，考试作弊现象屡禁不止

一方面，高校考试成绩往往与评奖、入党、求职等影响学生发展的事项有关联；另一方面，多数高校将考试统一安排在期末，导致学生的复习时间不足，再加上考试多为闭卷方式，需要学生做好充分准备。这些因素致使很多高校学生在考试中采取作弊行为，破坏了考试风气，也破坏了考试公平的原则。另外，一些监考教师对作弊行为的纵容也助长了这种不正之风。

（四）试卷讲评与评价的缺乏

当前多数高校忽视了考试的反馈环节，通常在期末考完试之后就放假，新的学期又开始新的课程，不仅不对考卷进行讲评，有些高校甚至不将试卷返回给学生，学生只是通过学校系统了解自己的考试成绩，对于哪道题错了，怎么错的，如何改正等一概不知。没有对考试具体情况进行有效分析，考试对学科教学的目的作用就很难保证。

（五）考试管理制度执行的力度不够

虽然各大高校都制定了比较完善的考试管理制度，但在具体的执行中还很不规范。造成这种现状的原因主要有以下几点：首先，学校对监考教师的管理缺乏规范性，监考教师是学生考试的直接监督者，但在现实生活中，很多高校教师并没有对监考有足够的重视，在监考的过程中开小差，甚至很多教师对监考制度也没有科学完整的认识；其次，高校学生对考试制度认识不足。高校有责任也有义务将考试制度有效地传达给学生，让学生了解考试作弊的严重后果，增强考试自觉性。但明显有些高校在这方面的工作还不到位，这些因素的存在增加了考试管理的难度。

二、改革高校考试制度及管理的思路与对策

（一）转变考试观念

素质教育强调学生综合能力的提升，考试作为一种检测和评价方式，要注重对学生能力和素质的全面考核。因此，高校应该及时转变考试观念，重新定位考

试，将考试作为检查教学目标、提升教师教学水平、促进学生综合素质发展的重要手段和方式，充分发挥考试的重要价值和积极作用。

（二）改革高校现行的考试方式和形式

随着时代的发展，考试的方式也应该更加多元化。考核手段应根据不同专业、不同课程的性质或特点，灵活运用闭卷、开卷、撰写小论文、口试、单元测试、动手操作等多种考试形式。在评价中，可以通过学生自评、学生互评、小组评价、教师评价等多种形式进行。

（三）严格考试命题，坚持教考分离

实行教考分离能够客观、真实、公平地反映教学水平以及学生的学情。高校须有计划、分步骤地组织教师进行试题库或试卷库建设，并随着教学计划的调整和课程体系改革，不断补充和撤销一部分试题，动态建设以保障试题库顺利运行。

（四）重视考试试卷分析和信息反馈，建立考试评估体系

恰当地对试卷进行分析，是评价考试质量的最重要、最有效的方法。通过建立科学合理的考试评估体系，采取定性和定量相结合的方法，对一些重点学科及具有代表性的课程采取抽查的方法，评估其试卷，对考试的命题、监考、阅卷、试卷分析等各个环节进行检查，客观地评价教学质量和发现教学及管理中存在的问题。

（五）健全考试管理机构，执行考试管理制度

高校应设立考试委员会，负责对全校考试工作的领导，协调各方面的关系。各学院也要建立相应的考试领导小组，负责本学院的考试管理，并向学校考试委员会通报本学院的考试情况。此外，高校教务处应设置专门的考试管理机构，负责各种考试以及试题库的建设与管理等工作。

综上所述，高校考试是检验学生学习情况、促进教师提高教学水平的重要方式，同时还与学生的全面发展以及以后的就业等有重要关系。高校应该对考试有足够的重视，认真分析本学校考试中存在的问题，积极采取措施进行解决，确保考试的规范性、科学性，推动高校教育的发展。

第四节 高校社会化考试管理

在终身教育和劳动准入制度的大背景下，社会化考试的项目和规模都在不断增长，本节就如何确保国家级考试的严肃性、权威性进行了探讨，并提出了相关对策建议。

社会化考试是一种非学历教育证书考试，它经国家授权，由相关机构主持，面向全体社会人员，用以考查应试人员某一方面的知识能力水平。社会化考试的合格证书已成为很多单位和部门聘用、晋升、评定员工的重要参考依据。当前开设的社会化考试主要分为两大类：专业水平考试和职业资格（水平）考试，前者主要指计算机、外语、教育技术等工具性学科的发展水平考试；后者主要是国内各部门、各行业甚至与国外考试机构联办的职业资格（水平）考试。社会化考试的组织实施由国家主管部门、省级承办机构和考点三级协同完成，各级实施部门各司其职、各负其责。作为负责考试具体实施的考点，主要是设在各地高校内不同的部门，这不仅是因为高校具有组织各级各类考试的软硬件设施和各种考试资源，服务地方社会经济发展也是高校义不容辞的责任义务。

一、目前高校社会化考试考点管理中存在的问题

（一）各考点开考项目有限，考生规模不稳定

目前各高校社会化考试考点承办的考试以全国计算机等级考试（NCRE）为主，全国英语等级考试（PETS）在不同的省份差异较大，其他的职业资格（水平）类的考试也因覆盖面有限，考点分布并不广泛。总体而言，各高校考点承办的社会化考试项目都不多，考生规模也不固定。造成这一现状的原因，一是在现行的管理体制下，各高校考点几乎没有可能成立专门的考试中心，社会化考试工作属于"兼职"，人手严重不足；而且考虑到社会效益（该项目的公信力）和现存、潜在的经济效益，这必然导致一个考点不可能开考太多的社会化考试项目。考生规模的不稳定，源于社会化考试并非强制性的考试，考生有需求才报考；二是职

业资格（水平）类的考试，集中在社会热门职业领域，不仅地域性有较大影响，且某些考试专业性较强，小众化的考试无法形成大众化的规模。

（二）报名过程中的照片不规范和工作人员的分身乏术

社会化考试的报名有现场报名和网上报名两种情况。但从目前使用的网报系统来看，考生自己上传的照片花样百出，虽然系统里明确了照片要求（证件照、尺寸格式、大小），但是不合格的照片不论在准考证上还是在考生签到表里甚至合格证书中的出现不仅透露着不规范，修改过甚的照片还给考试过程中考生身份核对工作带来不小困扰，成为考试安全中的隐患。有的小众化的社会化考试项目在某些地区仍在沿用现场报名的方式。现场报名过程中，虽然有考生核对信息的环节，但仍有可能出现考生信息出错的情况。同时，各考点的工作人员要么身兼数职，要么同时接受不同的考试报名，甚至接受 A 考试和 B 考试同时进行现场报名的工作，这些都可能造成忙中出错，既影响考生，也给考点带来不好的影响。

（三）考试实施环节易出现的问题

不论何种社会化考试，在上级主管部门制定的考务管理规则、考务手册中，都对考前、考中、考后的工作提出了具体的要求，考点严格按照这些要求进行操作是能保证考试的平稳进行的。但无论多么完善的制度也是由人进行操作，如若缺少必要的监督就难免出现意外的情况。一是试卷泄密。社会化考试要求考点提前两天或者一天领取试卷。各上级主管部门都对试卷的领取、保管有专门的规定和要求，比如专人专车警察，保密室监控全覆盖，24 小时 2 人值班，钥匙分人保管，至少两人一起进保密室、随时抽查等等，从制度层面上杜绝试卷泄密，但如果缺乏有效的监督机制，考前泄题现象仍有可能发生。比如在 2008 年下半年全国计算机软件考试中，山东某地一考点在试卷领取过程中未按要求安排专人专车接送，导致试卷在出租车上遗失，原定的考试时间被迫推迟，造成了大量的资源浪费，也引起了考生的极大不满。也曾有考点在试卷进入保密室后，制度执行不严，被别有用心的工作人员盗取，导致试题外泄。二是监考人员的执行力问题。社会化考试的监考人员和相关工作人员都是每次考前选聘，人员不固定。不同考试项目的考务要求也不相同，甚至同一个考试项目，考务要求也在与时俱进不断更新。因而每次考试前，监考人员和相关工作人员的培训都必不可少，但监考人员的经验丰富程度、执行力的强弱，都有可能对考试造成影响。尤其是在修图成风的当下，对考生的身份审核不断挑战着监考老师的凡胎肉眼。笔试考试过程中，某个时间节点该完成某个监考工作，监考人员未必都能准确执行，考试结束时试卷和答题卡、答卷该如何回收整理也是容易出纰漏的地方。

（四）作弊方式与时俱进花样翻新

尽管国家从法律层面加大了对考试作弊的处罚力度，各学校也出台了对考试违规违纪的严惩措施，但作弊现象仍屡禁不止，而且方法手段越来越多样化，甚至形成了完整的利益链。高校厕所里的出售考试答案的牛皮癣广告比比皆是，网上打着"包过"旗号搞培训提供考题答案，专门招募枪手的QQ群，通过比对照片组织长相相似者替考，还有公司在网上兜售"隐形耳机"、皮带、背心、钱包、手表等各种高科技的作弊工具，有的还提供售后服务。

二、规范高校社会化考试管理的对策，确保国家级考试的严肃性、权威性

（一）建立一支责任心强、讲原则、相对稳定的考务管理人员队伍

社会化考试是国家级考试。为确保国家级考试的严肃性、权威性，首先要建立一支责任心强、讲原则的考务管理人员队伍。这支队伍里的人员不仅要熟悉考试业务，更要对国家法律存敬畏之心，在严格遵守国家教育考试法规的前提下，严格按照考务手册的要求推进各项工作步骤，在处理考试事务时以规则为准不擅自凭自我经验或者"凭某人打招呼"处理。好的开始是成功的一半，建立起这样一支讲原则讲规矩的队伍是考试平安顺利进行的组织保障，这支队伍要经常学习有关考试的法律法规，要熟练掌握不同的社会化考试项目的考务要求，因而变动不宜过频，要保持考务队伍的相对稳定。

（二）加强对监考人员和相关工作人员的选用、培训

监考人员是考场的执法者，是考试实施真实有效的鉴定人。各高校社会化考

试考点应根据考务手册的要求，严格按标准选聘责任心强、工作认真仔细的人员监考，有直系亲属参考的必须回避。考前培训会上，最好能用 PPT 或其他视频资料将所有的要求讲透讲实。同时强调责权利的统一，在可能的情况下提高监考报酬；未充分履职也将承担相应的责任。

（三）进一步优化报名流程，堵塞考试安全漏洞

这一点在实行网上报名的社会化考试项目里尤其明显。建议提高系统里考生上传照片的合格门槛，对非证件照、不合规定的证件照一律不予审核通过。系统也可增设人工审核功能（考点可自选），对照片不合格者要求考生重新上传。

（四）加强硬件设施建设，强化考试过程管理

目前各高校基本都建有标准化考场，里面配有实时监控和信号屏蔽仪。但因各高校建标准化考场的时间有早有晚，这就需要标准化考场里的设施设备及时更新。上机考试的标准化考场也要考虑电脑的配置是否适应更新了的考试系统，全国计算机等级考试的上机考试过程中是否还可以考虑仿效机动车驾驶证考试进行不定时抓拍，以杜绝替考的可能性。考试过程中，考点除安排巡考人员对考场进行巡视外，还应有考务领导对监控进行实时管理，发现问题立即纠正解决。

三、关于做大社会化考试考生规模的一点建议

安全出效益，规模出效益。在严格遵守国家教育考试法规，严格执行考试规则的基础上，社会化考试考点要实现经济效益的增长。一是要主动适应社会继续教育和终身教育的发展需要，紧盯社会产业发展方向，面向不同岗位的人群，加强与行业主管部门的联系，开发和承担新的考试项目；二是高校可以充分利用自身的教育资源，将社会化考试的培训内容根植于课堂教学之中，这样有利于提高考生的考试通过率，对促进考生就业和稳定考生规模都不无裨益。同时，高校社会化考试考点应该认识到考生既是管理的对象也是服务的对象。应秉承以人为本的理念，增强服务意识，在坚持原则的基础上尽可能地为考生提供人性化的服务，从而努力实现考点办考的社会效益和经济效益。

第五节　新建本科高校期末考试管理

期末考试是高校实施人才培养的重要环节。本节分析新建本科高校考试和考试管理现状，围绕加强期末考试管理的目的要求，从加强教育、提高命题质量、推进考试过程的科学化管理三个方面提出加强期末考试管理策略，以此促进新建本科高校的期末考试管理，更好地发挥期末考试的积极作用。

考试管理是对考试实施的管理活动，其针对性强，"是在考试活动中，管理者根据既定考试目的的要求，运用适当的程序、方法、手段以及行为规范，合理调配人、财、物、信息等资源，对活动进行有效控制，以实现目标的一种活动过程"。期末考试是检验学生学业成绩、教师教学效果的重要手段，是高等学校实施人才培养的重要环节。充分发挥期末考试的积极作用，能够调动学生学习的主动性和创造性，对建立良好的学风、考风、校风有重要的作用。因此，加强期末考试管理，推进考风、学风、教风建设，对高校不断深化教学改革、提高人才培养质量具有重要的作用。

一、考试和考试管理的现状

新建本科高校日益深刻地意识到人才培养质量关乎学校的长远发展，因此坚持以生为本，坚持教学的中心地位不动摇，不断完善各教学环节的质量标准，以教风、学风建设带动考风建设。但由于新建本科高校的生源质量参差不齐，部分学生进入大学后，学习松懈，缺少对学业的规划；或对专业缺乏兴趣，在课堂上不能集中注意力；或因家庭经济状况不佳忙于兼职赚钱而缺课；或沉溺于网络，置学习于不顾，导致忽视课程考试、考试成绩不理想。

教师课堂教学的方式有待进一步改革，教学内容需要进一步完善，课程考核方式有待进一步丰富完善。课程考核一般包括考试和考查两种，多在学期结束时组织，以理论考试居多。考试题型多是选择题、填空题、判断题、简答题等客观性题目，操作题、设计题、综合运用题等主观性题目较少，侧重知识的记忆而忽略知识的运用；课程的结果考核比重超过过程考核，这使学生容易忽视平时的学习积累，过多地注重期末考核，不能有效地检测教学效果、客观地反映学生的学习水平。

二、加强期末考试管理的目标要求

目的明确。人才培养是高校职能之一。高校教学中的每个环节都应为此服务。期末考试是人才培养的重要环节，目的是检验教学效果，了解学生对知识的掌握情况，从而分析教学中存在的不足，改进教学方法，提高人才培养质量。

内容准确。新建本科高校以培养高素质应用型人才为办学定位，因此必须树立为培养高素质应用型人才服务的考试理念，按照高素质应用型人才应具备的知识结构组织考试内容，在重视理论学习的基础上，突出实践，并根据教学大纲引入专业的新观点和新趋势，使学生的学习与时俱进。

形式丰富。高校考试形式除闭卷考试外，还应包括开卷考试、操作合作考试、口试、成果性考试、计算机考试、课程论文、作品设计、汇报演出等。任课教师应结合课程特点及对学生培养的要求，选择合理的考试形式，将过程性考核与结果考核结合，突出过程考核。在命题时，客观题型与主观题型结合，基础性考试内容与综合运用的内容相结合，突出学生知识运用能力的考核。

功能全面。高校考试是教学的重要环节，是诊断教学效果的重要手段，其功能体现在五个方面：诊断，教师分析考试结果，了解学生在学习过程中的状态，及时调整教学安排，促进教学目标的实现；导向，考试内容和评价标准直接影响学生努力的方向和学习精力的分配；鉴定，考试结果能够帮助教师判断学生学习效果的优劣程度；改进，利用考试结果反馈的信息，教师能不断完善教学行为，推动学生的学习，实现学习目标；教学，学生准备和参加考试也是一种学习，是教学环节中不可缺少的部分。

三、加强期末考试管理的策略

加强教育，推进考风、学风建设。加强教育是为实现师生在期末考试过程中能自觉、严格地执行要求，避免发生违纪现象，确保期末考试的顺利完成，从而推进考风、学风的建设。

1. 抓考试管理人员的素质提升。首先，考试管理人员要增强责任感，做到"考试无小事"。其次，考试管理人员要树立服务意识。考试既是一种管理，也是一种服务，树立管理人员为学生服务、为教师服务的工作态度。最后，考试管理人员要加强业务学习，熟知考试流程、考试各环节的执行标准，在实施过程中善于总结、提高。

2. 抓教师的考试执行力。教师是高校人才培养的具体实施者，是学生成长的直接影响者。教师需要以身作则，严谨治学，不为学生提供针对考试题目的复习提纲，不在已知考试题目的情况下将考题作为复习条目，不对学生辅导答疑过程中围绕命题内容划范围、指重点，为学生树立表率。教师要关注学风建设，以良好的学风带动考风关注学生的学习表现、学习习惯的养成，发现问题及时疏导解决，做到防微杜渐。教师要增强岗位的责任意识，勤钻业务，提高命题质量，严格按照要求执行监考任务，阅卷做到"给分有理，扣分有据，宽严适度，标准一致"，成绩登录准确无误等。

3. 抓学生的诚信考试教育。对学生的考试教育要从新生入学开始抓起。通过营造良好的环境促使学生能具备"以诚信考试为荣、以考试作弊为耻"的意识，自觉维护良好的考试环境。一方面，要让校园环境为育人服务，通过宣传栏、条幅、各类校内新闻媒介等加强诚信考试的宣传，在日常生活中渗透教育。另一方面，要发挥学生入党积极分子、党员、学生干部、优秀学生等的模范带头作用，通过主题教育活动、班会、个别座谈的形式引导和帮助学生尽快适应大学生活，指导学生拥有明确的短期和长期的学习目标，养成认真学习、善于学习、乐于学习的学习态度。学校要对考试违纪的学生按照要求规范处理程序，其目的是警示学生，在学生中形成"不愿违纪、不能违纪、不敢违纪"的氛围，并及时做好违纪学生的思想教育工作。

第六节　高校英语等级考试精细化管理

　　高校大学英语等级考试主要是指针对高校大学生开展的全国英语四级和六级的考试项目。目前大多数的本科和专科学校都会要求非英语专业的学生参加大学英语等级考试。因此本节将分析目前大学英语等级考试的考务管理工作现状，并提出如何精细化地加以管理，从细节处充分落实高校考务管理工作，保证英语等级考试的有序开展。

一、当前高校大学英语等级考试的考务管理现状

（一）考务管理意识不强

　　由于大学英语等级考试每一学年都要开展，很多考务负责人对考试流程和制度已经产生了倦怠感，对考务管理的意识逐渐下降，只是按部就班地申报考试材料、保管、分发、回收试卷。对于细致化的考务管理缺乏一定的认知意识，尤其是每年考前的考务会议缺席人数众多，并没有意识到这是国家级的考试项目，自身的管理职责任务重大。因此意识的不到位会影响着后期考务管理的整体质量。例如，四六级监考人员由于自身意识不强，职业素质不高，出现泄露考题而受到了法律的制裁现象。这正是由于考务监管人员对自身职责认知的缺失，导致了一连串利益交易的试题泄露问题。

（二）考务教师监管力度松散

　　由于现在高科技发达，一些学生想要通过全国英语四级、六级考试都会选择通过网络或其他渠道获得先进的作弊器材，来确保能够顺利通过考试。而目前很多考务人员在监管上比较随意。例如，在进考场之前考务人员应对所有参考者进行全身的扫描，检查是否携带电子产品。但很多考务人员只是简单地前后扫描，而有些学生将一些隐形耳机、隐形笔等放了耳朵后或者夹在了头发里，难以察觉。这在很大程度上破坏了英语等级考试的严谨性和公平性。

（三）考务管理体系内部不完善

考务管理事项本应是非常严格，但由于其管理体系设计不规范，就容易存在很多漏洞，再加上实际监管工作枯燥乏味，在进行监考人员分配和安排时就容易出现内部矛盾。另外，在考务信息的管理上也不够完善，考生在核对信息和考试项目时比较烦琐，这是由于考务管理体系依然处于传统的模式，没有简化和提升考务管理效率。

二、如何对高校大学英语等级考试进行精细化管理

（一）强化考务管理意识

想要精细化管理整个高校大学英语等级考试过程，首先就需要强化考务管理人员的职责意识，认真落实考务制度，重视每一年度的英语等级考试。对于考前的考务会议，每一位涉及的考务人员都必须参与，不能无故缺席，让考务人员明确自身的监考时间以及考试流程，尤其是针对新出的考务规定，要加以重视。另外，针对经验不足的考务人员，要着重考察他们对考务流程和知识的掌握程度，以免出现差错。同时，校领导也要对考务人员强调监考纪律，相互不能交头接耳，或者做其他与监考无关的事情，意识到监考的重要性和规范性。近几年来，各高校创新了自身院校考务管理模式。在大学英语等级考试之前组织全部考务人员进行考前学习，尤其是关键监考部分加以重点强调，并且在学习完后要进行统一的考题，对成绩不理想的考务人员再进一步培训，一定让其明白作为考务人员的重要岗位使命。

（二）加强监管力度，落实到细节处

由于目前舞弊现象严重，部分大学生存在买卖答案、试题的情况，或者在考场利用先进的作弊器材进行考试，这就需要考务人员加强考场监管力度，多观察学生细节问题，出现可疑情况要随时注意，一旦发现证据就严肃处理，取消考试资格。同时，在考务规定上要关注到细节处，因为英语考试分为了几大部分，需要多次收取答题卡。但由于收取时要按照顺序，时间上就会存在不一性，对于后

排的学生来说，还有时间填写。因此，考场两位考务人员就要分工合作，一人快速收取，一人全面关注学生的情况，防止再动笔。虽然这是很细小的环节，但也体现着考试的公平公正性。

（三）完善考务管理体系，精准要求

考务管理体系是考务人员遵循职责的前提和基础，只有在完善的体系中才能把控好整个考务的管理工作，做到多方面精确要求。即使当下都在倡导考务管理模式的创新，其前提也需要做到精细化，保障考试规定的面面俱到。比如，在考试前一周，通过宣传海报、校园广播、班会等形式进行考前准备工作，使考生考前不紧张，考试不慌乱；在考中，进行到听力部分环节，听力考试结束后，播放考试结束提示音，同时监考人员需要告知学生暂停答题，快速地收取答题卡。针对这一系列规定，在考试前的监考员、考务工作培训会上全面传达给各监考员及考务人员，让全体监考、考务人员都一致遵循这一规范动作，不得存在特殊性，精确地要求按照考试规定动作进行流程的操作。

综上所述，全国高校大学英语等级考试属于全国性的国家级考试科目，考务人员在进行管理时需要全方位地做好精细化工作，保证考试的顺利开展。而目前的考务管理现状却不容乐观，经常出现各种奇葩的问题，因此考务管理人员需要从细节处做好监管工作，多方考虑可能存在的漏洞，这样才能够保障公平性和严肃规范性。

第七节　高校大型考试精细化管理

高校大型考试是高校自身管理、服务社会的重要途径，也是激励学生奖励优秀，为学生打通未来之路的重要手段。本节结合高校大型考试精细化管理的现状分析其意义，提出高校大型考试精细化管理的有效措施。

高校的大型考试包括校内的期末考试、大学外语四六级考试、全国计算机等级考试、日本语能力考试，承接的全国专业技术资格、执业资格、职称外语等考试。

因此，高校教务部门（考试中心）的工作人员在考试管理工作中务必严格履行自身的职责，创设合理的机构，实行精细的管理，以优质的管理工作为考生营造公平、公正的考试环境。新时期的考试管理模式应符合社会对人才的实际需要，要加强考核的严谨性，在国家级的教学考核与教学测评过程中实施规范化管理，完善考试组织管理的建设，更好地培养实用型人才。探究高校大型考试精细化管理，有助于高校更好地完善校内期末考核与国家级大型考核的相关管理制度，切实提高教学质量，为今后的高校教学考核管理提供有力的支持与帮助。

一、高校大型考试精细化管理的意义

精细化的考试管理，指高校对教务部门或考试中心的职能工作进行细化，制定合理的规章制度，分层管理，将考试监督与管理工作落到实处，避免出现失误，保证考试的正常进行与考试质量。

众所周知，考试是考量人的知识和能力的比较客观、公正、准确、高效的一种方法。然而，在高校的大型考试中，管理工作频频出现问题，致使考生在考试过程中无法真实体现出自己的水平，严重损害了考生的利益，影响了考试的真实性与公正性。因此，改革弊端，加强考试的管理，建立精细化的考试管理机制，是确保高校自身发展，更好地服务社会的重要途径。

高校大型考试中实施精细化管理，将使考务部门能够对大型考试的组织管理尽职尽责，避免出现监督与管理中的诸多纰漏，帮助高校在今后的大型考试中更好地开展工作。同时，还能对监考人员起到极大的约束与规范作用，明确工作职能，在规章制度的管理与约束下，实现高效率、高质量的考场监督与管理，切实有效地解决高校中存在的考试组织管理问题，完善与优化教学考核工作。

二、高校大型考试管理工作的现状

目前，高校在考试管理上，以流程式、经验式为特征的粗放式管理居多，这是几十年延续下来的做法，远没有达到科学化、系统化、规范化，更谈不上精细化的管理。在部分高校的考试实践中，考务部门往往疏忽考试管理工作的细节，致使考试经常出现不该出现的失误。如大学英语四六级、高校招生考试中，英语听力放错内容；技术资格（水平）上机考试未及时启动考试平台，致使考生不能按时考试；发错考试材料等。

随着教学管理制度的建立与创新，越来越多的高校在实践中逐渐完善自身的考试管理机制。确立了大型考试的精细化管理体系，充分利用职能部门责任感与考试管理体系的优势，避免了考试管理工作中存在的问题，提升了高校大型考试管理工作的效率。

三、高校大型考试精细化管理的具体措施

精细化管理是对考务工作提出详尽的要求与标准，根据高校考务工作的实际情况，结合高校大型考试组织管理工作的现状，从考试前报名的准备工作、考场安排的管理工作以及考试过程中的组织工作三个方面入手，实现精细化管理，帮助高校更好地开展教学考核工作。

（一）考前的精细化管理

在大型考试的精细化管理中，考务部门应当建立一套科学、合理、规范的工作流程，以确保考试平稳、有序进行。

第一，应当从考试的报考、缴费环节入手。考务人员应加强报考的相关政策宣传，认真审核考生报考资格，完善考试报考环节准备工作，帮助学生依据有关规定报考，避免遗漏或错报的情况出现。考务人员要利用多种方式组织学生报考，如利用学校的教务系统管理平台，建立完善的网上报名系统，使学生可以足不出户报名，节省大量的报考时间。在考生缴费时，考务部门与财务部门协同合作，积极筹划，确立有效的处理办法，方便学生缴费。

第二，应完善考生信息的核对与考场承诺书的签订工作。考务部门在报考结束后要打印出详尽的考试报名信息核对单，让考生核对信息，避免出现报考错误。

第三，做好考场安排与布置工作。在布置考场时，应对学校的考场资源进行普查，做到心中有数，避免因教室挪用故而发生误排现象。同时，要对教室的设施进行检查、维修，确保满足考试条件。考场的布局要合理，不同考试科目不能

互相干扰。

第四，考务部门应注重监考人员的安排与管理。对监考人员的资格进行严格审查，安排经验丰富的教师担任主、副监考，避免因监考教师自身的人为因素而影响考试。按监考教师人数安排一定数量的预备监考人员，对迟到、请假、漏岗的监考人员及时补充。

第五，考试设备与材料也是考前准备的重点内容。监考人员应在开考之前按照有关规定，准备好考务手册、考务袋和考试必备的相应材料。检查与考试相关的设备、水、电等是否正常。

第六，考务部门在考试之前应召开包括学校主要领导、保卫、后勤、财务、医院等有关部门领导参加的考试协调会及考务人员及监考教师的考务培训会，强调监考的重点与注意事项，使每位监考人员熟悉流程，明确职责，遵守监考纪律，杜绝出现徇私舞弊的情况。

（二）考试中的精细化管理

考试中的精细化管理是对高校大型考试组织管理工作的落实与优化，能够有效提高考试工作质量，保证考试肃然、有序进行。对考试材料（试卷、磁带、加密锁等）的收发要有完备的检查、核实记录，杜绝错发、漏发等事故发生；每个考区应按楼层设置考务小组，负责本楼层考场的试卷收发、清点等，方便及时处理考试中出现的问题。将考务办公室的工作细分到各楼层考务组，分层管理，逐层赋责，切实保证考试的工作效率和质量。

巡考人员要经常进行巡视，监督监考人员的工作状态以及考场的状况，对监考人员违反监考工作规定的现象要及时制止和纠正。监考人员应按照监考工作流程操作，认真履行监考职责，对舞弊的学生及时处理，对高科技作弊要认真检查，维持好考场秩序，为学生营造公平、公正的考试环境，以实现良好的考场监督机制。

综上所述，参加高校考试的考生日益增多，如何有效为考生营造良好的考试环境成为教学工作者与管理部门急需解决的问题。考试是个系统工程，在今后的高校大型考试中，考务部门与相关管理部门应将精细化管理工作落实到位，为高校教学考核工作营造安全、规范的环境。

第七章　高校图书馆管理的理论研究

第一节　高校图书馆管理创新的目的

一、高校图书馆管理创新是为了更好地适应和满足社会发展需求和高校发展的现实需要

高校图书馆在高校教学科研中发挥着至关重要的作用。作为高校重要组成部分，其管理创新必须要紧紧围绕高校中心工作、围绕高校图书馆自身发展规律，以更好地推动自身发展、更好的服务高校教学科研等各项工作。高校图书馆在适应高等教育发展的同时，必须坚持全面开放，努力与社会接轨，并伴随社会的发展不断改革创新，努力实现自身在结构和功能方面得到社会公众的认可。从这个层面来讲，高校图书馆管理创新的目的应当着眼服务社会的高度，按照高等教育发展规律和高校图书馆自身特点，在全面考虑现代化信息技术在图书馆应用的同时，紧紧围绕由当前技术发展和时代进步而导致的读者对图书馆功能需求的变化发展趋势。

二、高校图书馆管理创新是为了实现自身资源优化整合、实现管理运行机制和管理机制更加科学化的现实需要

新的历史阶段，信息组织网络化和信息服务社会化已经成为当前信息时代的重要特征，信息技术和信息服务已经不可避免地成为推动高校图书馆发展进步的关键要素。高校图书馆管理创新，还必须从当前信息技术时代需求出发，通过管

理创新更好地推动高校图书馆运用现代化管理思想和管理理论、采用现代化的信息技术手段、科学有效的管理方法对图书馆资源进行有效整合，提高资源利用效率，实现高校图书馆管理系统综合效益和服务质量的全面提升。从这个层面讲，高校图书馆管理创新的目的是在全面遵循图书馆管理规律的基础上、在符合图书馆系统内在联系和整体环境系统运行规则的基础上，准确把握人对图书馆系统整体进行优化控制的原理、原则和方法，以及实现其最佳控制实践的过程，达到图书馆管理科学化、使图书馆的运行机制和功能与社会及本校的发展保持联系，更好的体现现代高校图书馆为高校科研、教学充分服务的功能，使高校图书馆和高校达到相互促进的良性循环关系。

第二节　高校图书馆管理创新的实质

知识经济条件下，高校图书馆要想更加充分、更加彻底地发挥自身功能和作用，必须要在管理过程中实施全面创新；管理创新是高校图书馆适应新形势、实现自身长远发展的必然举措。

在分析高校图书馆管理创新的实质之前，先介绍一下创新对经济社会发展和民族进步所发挥重要性的典型国外案例和研究成果。在日本，20 世纪 80 年代，其经济迅速崛起，与西方发达资本主义国家经济相对低迷和发展缓慢形成强烈的对比和反差。一些西方学者在实地考察了日本经济社会发展模式之后，将日本的迅速崛起归功于技术立国和科技创新，尤其是日本政府实施的国家创新战略几乎和企业较强的技术研发与创新能力。这正是日本经济发展如此之快的关键和核心。在此基础上，一些西方学者提出了以技术创新为主要内涵的"国家创新体系概念"。自此之后，国外学者对创新体系的研究就始终未曾间断过。在 1992 年，丹麦著名学者伦德华尔在其代表性著作《国家创新体系，一种创新和交互学习的理论》全面阐述了创新对一个国家和一个民族的重要性，呼吁全球各个国家要重视创新，发挥创新在经济社会发展中的重要作用。1993 年美国学者纳尔逊主编了《国家创新体系比较分析》一书；世界经济合作与发展组织 OECD 继 1996 年发表的《以知识为基础的经济》报告后又于 1997 年发表了《国家创新体系报告》，提出要在制度、流程、组织、文化等方面进行创新。

通过上述案例可以看出，创新不仅在国家层面对一个国家、一个民族的发展具有无穷的动力，而且小到一个企业、一个微型组织也必须要创新；世界范围内对创新的研究已经到了非常成熟的阶段，在理论研究、实践经验和成果转化方面对当前我们开展的各项创新提供了必要的指导。

对于高校图书馆而言，纵观国内外图书馆发展历史不难发现，每一次图书馆的发展进步都与创新信息相关，始终伴随着图书馆自身管理的创新步伐而进步。

基于以上认识，笔者认为高校图书馆管理创新的实质在于，全面运用国内外先进的创新理论思想和创新实践经验，继承和发扬高校图书馆优良传统和经验的基础上，着重审视和客观思考当前高校图书馆在管理过程中存在的弊端和不利因素，积极运用现代化手段和现代化技术实现我国高校图书馆管理形成新环境、新思想、新制度、新方法。

第三节　高校图书馆管理创新的特征

一、高校图书馆管理创新是信息技术条件为支撑的创新

信息时代背景下，高校图书馆作为文献资源的聚集地，囊括了丰富而宝贵的信息资源。高校图书馆在信息技术条件下，完全承担了知识与信息的获取、加工、传输、储存、使用的重要功能，使信息和知识作为重要资源和宝贵财富的这一本质特征诠释得淋漓尽致。高校图书馆无论是实现自身发展，还是对信息资源进行有效整合，都离不开强大的信息技术条件，其作用和职能的发挥与信息技术条件不可分割。高校图书馆无论在信息资源生产、优化组合提供服务方面都离不开信息技术条件。高校图书馆无论在藏书结构调整、系统自身高效规范运转、文献载

体优化升级、用户系统服务等各个环节都无不体现着现代化信息技术的身影；传统模式下的高校图书馆相对封闭单一的借阅模式已经被信息技术条件下借阅合一的方式所取代。信息技术条件下，已经引起了高校图书馆管理方方面面的改变，在管理模式上愈加向注重依托互联网技术实现馆际之间的资源共享，"虚拟馆藏"不可避免地成为今后高校图书馆发展的重要趋势之一，馆际信息交换与合作更加频繁，资源共享已不再是停留在馆际间的一种构想。图书馆将以信息存储量大、传递迅速、检索简便等优势为用户提供源源不断的信息，给知识经济时代，信息化的管理发展营造最佳扩充环境。因此，高校图书馆管理创新的重要特征之一就是完全以信息技术条件作为重要支撑的创新，脱离了信息技术条件，高校图书馆在信息技术时代背景下的发展，必将成为无源之水、无本之木，也必将难以适应高校发展的规律、难以发挥自身特有的功能和作用。

二、高校图书馆管理创新是更好地适应网络化管理新趋势条件下的创新

伴随着 20 世纪互联网技术逐步传入我国以来，在短短时间内以异常迅猛的速度强势崛起，电脑技术日益普及，应用行业日益广泛，为实现我国顺利跨入信息技术时代奠定了坚实的基础。以网络化发展为背景，传统条件下的大规模生产和管理方式不可避免地要被迅速高效的网络化信息技术和服务模式所取代，逐步实现知识传递、管理模式和手段的信息化、现代化，建立高效、灵活的社会信息网络格局势在必行。高校图书馆作为文献资料的巨大宝库，其信息技术资源管理不可避免地要与网络化接轨，成为整个互联网环节上一个重要节点；尤其是当前在我国已经形成网络信息高速公路的条件下，高校图书馆管理已经难以逃避网络化的大趋势，必须要积极主动地实现管理创新，将自身管理与运行纳入到网络化环境中去，否则，高校图书馆难以摆脱被淘汰的命运；从一定意义上讲，高校图书馆如何更好地适应网络化管理新趋势，也是当前高校图书馆所面临的最大挑战。因此，高校图书馆管理创新正是突出了为了更好地适应网络化管理新趋势这一特征，不断朝着挖掘现有文献信息资源潜力这一方向，通过加快网上数据，来

满足用户需要，通过促进网络建设而真正提高高校图书馆在知识经济时代的管理水平。

三、高校图书馆管理创新突出了更好地适应知识经济社会发展

创新是一个民族赖以发展的不竭动力，是科技进步的根本资源，更是经济发展和社会进步的持久能量底蕴。知识经济较以往任何一种经济形态都表现出它自身的特殊性，是建立在知识基础上，通过对知识进行存储与学习、使用与创新来赢得现实生产力，推动经济社会的发展，知识经济已经成为当前我国经济社会发展的引擎。高校作为知识与智力宝库、作为人才培养的重要摇篮，与知识经济发展更是密不可分；高校图书馆在服务高校教学科研的同时，也是在服务人才培养工作、在间接的推动知识经济的发展。从这个层面上讲，高校图书馆在知识经济时代所处的地位和发挥的作用尤为明显。一方面知识经济发展条件下，对高校图书馆的地位、作用、形象、知识信息和经济价值开发产生深远的影响；另一方面，高校图书馆通过自身管理创新又反过来推动了知识经济的进步与发展，其管理的每个环节、每个步骤，其创新的主要目的、实质特征都是紧紧围绕着直接或间接地为知识经济发展服务。因此讲，高校图书馆作为知识创新的一支重要力量，已经成为高校联系知识经济发展的一个重要的中介，在为高校的知识创新提供必要的信息基础上，其管理创新全面突出了更好地适应知识经济社会发展。

四、高校图书馆管理创新是实现自身对各种资源进行设计、发展、整合和高效利用的创新

无论是适应信息技术时代发展需求也好，还是适应网络化条件也好，知识经济时代下，高校图书馆实现自身管理创新意味着高校图书馆面对复杂多变的环境和日新月异的知识经济竞争，必须要进行积极的探索，不断开创在制度管理、方法手段、信息安全管理、系统优化管理、人力资源管理、用户需求管理等方面，对自身所控制的各种资源不断进行设计、发展、整合和利用。

　　高校图书馆管理创新对资源进行有效调整和整合过程中突出了多层面性特征。高校图书馆管理创新的多层面性，具体包含资源层面、工作层面和空间层面。在资源层面的管理创新主要是对图书馆在馆藏、经费、文献、设备设施、人力资源以及知识成本等相关资源进行优化组合，体现出高校图书馆在财务管理、物质资本管理以及人力资源管理的高效利用。在工作层面的创新，主要突出在图书馆管理政策决策、具体制度执行以及实际操作等层面上。对于高校图书馆来讲，既然要实现管理创新，不可避免地要出台系列政策与措施，需要管理决策；在管理决策出台之后，还必须要有具体的执行机制作为保障，再进行层层分解，将决策予以操作落实。因此讲，在工作层面上，又体现了高校图书馆管理决策、执行与操作的层次性，三方面的层次具有严谨的逻辑关系，彼此依赖，不可或缺。在空间层面，高校图书馆管理创新，无论是国内重点高校的图书馆，还是普通高校的图书馆，不论是省属部属高校，还是地方院校，都在新的历史条件下着手进行管理创新，以更好地适应知识经济发展，推动图书馆自身所服务高校的发展。高校图书馆在管理创新上体现出的多层面特征，是高校图书馆从不同层面、不同维度所进行的创新实践；该特征也有助于丰富和发展高校图书馆管理创新的理论和实践。

　　高校图书馆管理创新对资源进行有效调整和整合过程中突出了全方位性和全员性特征。高校图书馆管理创新的全方位性是立足多层次性，主要涉及高校图书馆在管理思想、发展战略、管理体制、管理机制、组织架构、管理方法、管理流程以及管理文化等多个方位。在高校图书馆管理创新中确定具体的方位之后，就不可避免地要涉及管理的每个岗位，也就是管理创新中的全员参与。全员参与，既需要高校图书馆工作人员的齐心协力，还需要广大用户的积极参与，凸显出管理创新全员参与、创新成果全员共享的重要特征。

　　高校图书馆管理创新对资源进行有效调整和整合过程中突出了持续性和连贯性特征。高校图书馆管理创新，最终的支撑保障在于创新的技术手段和制度保障；高校图书馆管理创新的这一特殊性对其创新行为影响极为深远，在实践过程中必须要予以高度重视。其创新实践中，所兼具的技术创新、制度创新两大行为的特征，决定了图书馆管理创新行为的持续性和连贯性。从过程上看，图书馆管理创新不可能一蹴而就，无论是建立何种制度保障机制、采用何种先进技术手段支撑，都必须在一个较长的过程中得以实现；由于图书馆管理活动本身是一个需要不断持续和创新的动态过程，卓越的管理必须实现维持与创新的最优组合。高校图书馆管理创新的动态性和持续性主要表现在管理机制、管理制度、管理机构、人员结构、服务内容、服务方式的动态性等方面。

高校图书馆管理创新对资源进行有效调整和整合过程中突出了不可重复性的特征。高校图书馆管理创新具有自己的特殊性和自身发展的规律，不像一些科学技术，是通过一些重复性的实验可以反复进行的；高校图书馆创新沿着一定的轨迹，是一个逐步深入推进的渐进过程，这个过程也体现出单向性。在这一过程中，如果创新工作没有把握好，那么对于高校图书馆来讲，其管理很有可能就称不上是创新，其前期所做的管理创新工作效果也难以保障，要么效果不明显，要么宣布失败；一旦管理创新过程把握科学，符合高等教育发展规律、符合高校图书馆发展规律，方法制度运用得当，各项创新机制保障得力，其创新才谈得上成功。

第四节　高校图书馆管理创新的主要内容

一、高校图书馆管理理念和管理思想的创新

面对飞速发展的时代，一个优秀的图书馆管理者必须树立创新意识，不因循守旧，勇于冲破旧的传统，根据图书馆自身发展的客观规律和知识经济时代对图书馆在高校中的需求，制定正确的发展策略和管理模式，对于不适应的管理机制，必须勇于改革，善于改革。在持续改革的过程中会带来真正的创新，让高校图书馆实现质的飞跃。

在管理思想创新方面，要更新陈旧过时的管理理念，用新的管理观念替代传统理念。要实现管理观念的创新，需要注意几个原则。

一是系统原则。即把整个图书馆的工作看成是相互关联、相互补充的有机整体。管理是一个实现目标的过程，系统原则就是要围绕这个既定目标，合理地配置图书馆系统的人、财、物，使图书馆系统健康、协调地运行，发挥其最大效能，以达到预期目标。

二是发展原则。即管理思想应随时代的发展而发展变化，与时俱进地适应外部环境的要求。随着社会的进步，图书馆要转变传统的封闭观念，树立在时间、空间、服务内容以及服务方式上的全方位的开放观念。传统经验管理的思想与传统管理时代相适应，并起了一定积极的作用。然而知识经济时代，只靠经验管理是不能充分发挥管理效用的，甚至可以说，那种传统的管理思想是现代图书馆发展的桎梏。因而，管理思想要随外界环境的变化而变化，要不断深入研究新形势，总结新经验，从而获得与外界环境相适应的新的管理思想。

三是信息性原则。即不断吸收新情况、新内容，丰富思想内涵。要重视新信息，不断掌握新信息并吸收它为己所用。要摒弃传统的闭关自守的思想，积极与外界沟通，逐步将图书馆融入社会生活中。

四是效益性原则。即注重社会效益和经济效益的有机结合。在计划经济体制下，图书馆"等、靠、要"思想严重。而市场经济体制下，社会效益和经济效益的统一是图书馆急需解决的问题。管理思想创新的最终目的就是要提高管理效率，获得两个效益的统一。

五是竞争性原则。竞争是市场经济的产物。在社会主义市场经济体制下，竞争体现在社会的方方面面，"优胜劣汰"对于图书馆而言同样适用。在管理中如果没有竞争意识，就难于在市场经济体制的环境下生存和发展。

二、高校图书馆管理战略的创新

所谓战略就是指对一个机构的未来方向制定的决策，并实施这些决策。它规定机构的使命，制定指导机构设定的目标和实施战略的方针，建立实现机构使命的长期目标和短期目标，然后根据确定的目标决定行动的方向。而高校图书馆战略管理主要为了适应外部环境的变化，是使之能长期、稳定的健康发展，实现既定的战略目标而展开的一系列事关图书馆全局的战略性谋划与活动。我国现在高校图书馆的战略多变演变成了简单的目标制定，忽视了战略的执行和控制。所以我们提出要进行战略的创新，主要为重视高科技发展战略，柔性战略和战略逻辑创新。

一是要高度重视高科技发展战略。工业化阶段，图书馆主要靠传统的服务来满足高校读者的要求。图书馆的馆藏成为衡量图书馆水平的一个很重要的指标，从而形成了图书馆重藏轻用、重书轻人的观念。知识经济时代，高校图书馆属于信息机构，在信息行业，图书馆面临着各种信息服务企业和机构越来越激烈的竞争。由于信息技术革命和以计算机、通信网络技术为核心的一系列高新技术的应用，使得人们获取信息知识的渠道和手段都有了极大的发展。出现了更多的机构、组织、信息咨询公司可以满足读者的信息需求，对高校图书馆形成了强烈的威胁，减少了对高校传统图书馆的依赖。而互联网等网络通过给人们提供获取信息的直接途径，也对图书馆员所扮演的传统角色提出了挑战。同时上述环境的变化，又会带来诸多的发展机会。战略管理强调审时度势、统揽全局、长远谋划，积极主动地迎接未来的挑战。高校图书馆应该将高科技发展作为战略制定和规划的重要因素。

二是要高度重视战略逻辑创新。谓战略逻辑，指在设计战略时用什么样的逻辑思维来进行思考。导致高校图书馆能时刻跟着外界及内部环境变化，满足不同读者要求的主要原因之一就是在于图书馆的管理者具有一种创新的战略逻辑思维。他们能够根据高校图书馆的外部环境和图书馆自己发展特点用不同的逻辑来设计战略。管理者要善于辨识企业目前的战略逻辑，敢于向其挑战，能够静下心来仔细考虑战略制定前对行业做出的假设，以及企业的战略焦点。在制定战略时要问：①行业中哪些要素应予消除？②哪些要素在低于行业标准时反而更有价值？③哪些要素在高于行业标注时会更有效？④哪些要素是行业从未提供过而目前需要增加？通过自问这4个问题管理者可以发现，现行战略逻辑的不足或错误之处，同时改善达到创新。战略创新所追求的是时刻保持新的思维方式，在新的思维方式下设计崭新的战略，使图书馆能迅速适应环境的变化，时刻以最好的服务向读者提供高效的产品从而满足他们的需求。

三、高校图书馆组织机制的创新

组织创新是图书馆创新体系的重要组成部分。传统的图书馆的金字塔形官僚层次结构是机械的、刚性的、永久性的结构，这种结构不能适应多变的技术和管理的要求，网络信息环境下的图书馆组织表现为动态的联盟。因而，图书馆组织行为能体现图书馆活力，有效地解决分权与集权的矛盾，组织结构向扁平化、虚拟化、网络化方向演变。图书馆进行结构重组要按照一定的步骤进行。首先需要根据现阶段高校图书馆的功能确定分工的程度，进行分工；接着要重新划分部门，合并一些功能相近的、联系密切的部门，根据新增的业务来增设新的部门；其次，要解决权限关系及其授权程度；还要设计人员之间合适的沟通渠道和协商渠道；最后根据高校图书馆信息沟通、技术特点、经营战略、管理体制、组织规模和环境变化来选择合适的组织结构。笔者认为信息技术和计算机网络发展使得知识在管理者及劳动者之间共享，高校组织等级结构已不再受到管理幅度的限制，纵横交错的渠道造就了一种崭新的组织结构——扁平化的组织结构即矩阵式组织结构。高校图书馆采访、编目、典藏、流通和阅览工作应有不同部门来完成。在横向上整合业务和职能部门；同时根据部门之间的合作必要性，在纵向上根据工作任务设置不同的项目组。以项目的形式展开信息服务。这样纵横两个系列结合而成的矩阵式组织结构。纵横交错处代表具体的执行人员，他既同原来的部门保持组织或业务上的联系，又参与项目小组的工作。项目小组可根据不同文献载体的工作流程特点设立长期性项目小组，也可以根据特殊任务设立临时型项目小组。项目组组长由馆长挑选，对项目的全过程负责，所需的专业工作人员由馆长和组长从各部门抽调。

四、高校图书馆的文化创新

图书馆组织文化，来源于组织文化理论在图书馆管理中的应用。它反映和代表了对该组织起影响和主导作用的团队精神、行为准则和共同的价值观。20世纪以来，传统图书馆处于不停地变革之中。新的技术环境对图书馆的影响更是全面性的，图书馆的工作方式、服务方式、组织形态、馆藏发展、人员角色以及运作方式等都受到强烈的冲击。因此图书馆的组织文化也处于调整和变革之中。

一是可以建立团队文化。网络技术环境下的图书馆组织文化必须善于吸收其他文化素养，以建构合理、优秀的文化。团队文化是现代组织精神必须强调的重要内容。在上节中提到，过去图书馆组织的价值观受传统金字塔形结构的制约，形成领导权威至上，各职能部门只关心自己分内事情，相互之间不合作、不团结的风气，这种组织文化对图书馆有极大的毁灭力，被这种等级文化所困扰，必然导致不精简、不灵活、不公平、缺乏创造力、士气低落的后果，也就无法获得读者的支持。在伴随着组织结构的再造过程中应该伴随着组织文化的再造，否则不能保证图书馆各个层面的人员身体力行。

二是倡导学习型组织。1990年美国麻省理工学院教授、著名管理学家彼特·圣吉出版了《第五项修炼——学习型组织的艺术与务实》一书，掀起了组织学习和创建学习型组织的热潮。美国的福特汽车、通用电器等一些大型企业都在积极创建学习型组织。为了在竞争中求生存，我国各大企业也正积极地创建学习型组织。学习型组织已成为企业做好知识管理工作和提高竞争力的必备条件。如何有效地激发组织的创新和创建成功的学习型组织已成为现代管理的两大主题。在这股风靡全球的学习型组织热潮带动下，已有创建"学习型社会"思想的提出。作为社会文教机构的图书馆，在面对这一机遇和挑战时，也必然要抓住这一机遇，改变传统的管理理念，创建学习型组织以提高图书馆的竞争力。

第八章　高校图书馆管理创新

第一节　高校图书馆创新管理模式的思考

随着社会经济发展，人们对自身的精神文化也愈加重视，图书馆在学生文化生活中所占的位置愈加重要，也是校园教育的重要组成部分。所以，在新的时代，做好图书馆管理创新是非常重要的。

一、高校图书馆创新的意义

（一）社会的发展要求

在当前高校图书馆管理工作中，管理创新已成为非常重要的一项课题。特别是在当前数字化和网络化的冲击下，高校图书馆在发展中面临着严峻的挑战。由于高校图书馆拥有较为庞大的文献资料，作为信息和知识聚集的宝库，在当前人类对知识和信息越来越依赖的新形势下，当前高校图书馆在管理工作中需要将自身所具有巨大信息资源加快向生产力进行转化，以便于更好的与当前社会发展的步伐相适应，为推动社会和经济的发展奠定良好的基础。

（二）高校发展的需要

随着教育体制改革的不断深入，当前我国高校教育进入了快速发展时期，高校整体实力上有了大幅度地提升。在这种新形势下，高校图书馆作为高校发展的重要信息中心，对其管理创新提出了更高的要求。特别是当前部分高校在自身发展过程中，由于对图书馆工作缺乏重视，导致图书无论在收藏数量还是质量上都无法适应形势发展的需要。这就需要高校加快对图书馆管理机制进行创新，这不仅有利于更好的推动我国教育改革的不断发展，而且对提高高校的教育质量也具有极其重要的意义。

（三）高校图书馆自身发展的需要

随着计算机技术和网络技术的快速发展，当前我国图书馆管理系统发生了较大的变化，这就需要对当前高校图书馆管理工作进行创新，使其能够与时代发展的潮流更好的适应。在高校图书馆管理工作中，需要不断地对自身的管理机制进行完善，并与当前快速发展的科学技术进行有效地结合，借助于当前计算机技术和网络技术来对图书馆管理工作进行创新和改革，更好地将高校图书馆的重要作用体现出来。高校图书馆由于具有非常丰富的文献资源，这就需要其进一步开拓市场，不应将所收藏的资源只面向学校内的师生进行开放，还应该面对社会各行各业的人群，通过将图书馆管理与当前先进管理模式进行有效结合，从而更好的将高校图书馆的价值体现出来，以便于更好的促进高校图书馆能够健康、有序地发展。

二、目前高校图书馆管理存在的主要问题

（一）工作人员严重不足

在很多高校当中，图书馆都存在馆员严重不足的情况，人才流失情况比较严重。图书馆要承担采访编目、资源建设、流通管理、信息服务、读者教育等业务工作，工作量很大，馆员却长期不足。图书馆员每日疲于应对繁重的图书借阅归还工作和各类读者帮助，有些工作不得不依赖学生助理来完成。同时，图书馆员的工作待遇普遍不高，工作提升机会不多，长此以往，影响了图书馆馆员工作的积极性，图书馆的信息服务水平也会随之下降。

（二）部分服务需求不能有效满足

近年来，很多高校都在建设新校区，因学校基建工程较多，导致整体资金有限，因此对图书馆的资金投入也随之减少。随着时代的发展和办学规模的不断扩

大，学生对图书馆的需求也越来越大、越来越多样化。经费投入不够直接导致图书资源购买量减少、软件系统的更新和应用不及时等问题，甚至有些高校图书馆的面积无法满足实际发展需求，还有些高校图书馆甚至生均图书都不达标，学生的许多服务需求不能满足。

（三）图书馆管理科学性不高

目前，很多高校图书馆的管理机制落后，尤其是人员管理方面，普遍缺乏合理有效的激励机制，很难使工作人员有归属感，不利于激发工作人员的工作积极性，导致图书馆管理效率低下。部分高校图书馆已经逐步实现了网络化、现代化管理，但自动化系统的全部功能并未得到充分利用，图书馆业务工作和服务工作还存在许多管理空白，图书馆管理的科学性不高。

（四）服务领域少、形式较为原始

目前，许多高校图书馆提供的服务还停留在传统领域，仅仅满足于传统的图书借还，缺少人性化，服务层次较低，相应咨询、检索、文献编制等业务很少涉及。甚至因在日常工作中服务意识不强，专业技能不足，导致部分服务业务形同虚设，难以达到标准。

（五）缺乏高层次服务人才

目前，许多高校图书馆的馆员服务理念落后，专业知识有限，职称结构单一，学历和业务能力普遍不高。同时，业务培训和对外交流机会较少，导致专业队伍发展缓慢，不能很好地运用现代技术，许多高层次的服务无人能做，难以满足信息时代图书馆对专业化工作人员的需求。

三、当代高校图书馆管理的基本要求

（一）图书馆馆藏资源的充分利用

高校图书馆的馆藏资源较为丰富，既包括现代的社科类书，也包括大量的历史档案和珍贵的古籍资源。在传统的图书馆管理过程中，普遍都是以人工模式进行图书登记、借阅、查询及图书保管，这种管理方式很难保证各类图书资源的有效流通，无法充分发挥图书资源的利用价值。面对这种情况，就必须及时改变传统的图书馆管理模式，不断提高图书馆的信息化程度，通过各种现代化技术对纸质的图书资源进行编码处理，利用计算机网络系统提供在线借阅服务，有效提高图书资源的利用率，使图书资源的查阅时间得到有效减少，为读者提供更加快速、便捷的图书服务，为图书馆的长远发展提供有力支持。

（二）读者阅读方式的多样性

在科学技术的迅速发展背景下，电子信息技术被广泛应用到我国人民的工作和学习中，使我国人民的阅读习惯出现较大改变。尤其是平板电脑、智能手机等网络终端使我国人民的阅读形式出现较大变化，脱离了以往固定地点的借阅方式，能够满足各类群体的阅读需求，使读者的借阅形式更加多样化，进一步拓宽了读者的信息渠道。同时，在电子信息技术的应用条件下，读者能够借助网络平台的检索功能直接对某个章节进行下载阅读，这种借阅方式不仅提高了读者的阅读效率，也打破了传统借阅方式的局限性，使读者能够根据自身需求进行选择性的图书借阅，使图书馆和读者之间形成了良好的互动环境，进一步提高了读者的阅读体验。

（三）图书馆服务模式的人性化

就目前来看，高校图书馆的整个服务过程都要以读者为中心，在保证图书馆稳定发展的条件下，尽可能满足读者的不同需求，使图书馆的信息资源得到有效共享。为促进图书馆的可持续发展，图书馆工作人员应准确把握时代发展的要求，充分利用现代化技术对图书馆资源进行数字化转换，不断提高图书资源的检索效率，使者的借阅效率得到有效提高，为读者提供更加快速、便捷和准确的信息服务。数字化图书馆能够充分满足不同层次、不同年龄读者的阅读需求，解决了以往图书借阅到期归还的限制，使图书馆的借阅服务更加人性化，有效改善了图书馆与读者之间的互动环境。

四、创新高校图书馆管理的策略

（一）重视图书馆管理理念的创新

在高校图书馆管理的时候，必须转变以往重视收藏轻视使用的观念，图书馆本身不仅仅是书籍收藏的一个地方，图书馆管理人员的工作也不应该仅仅是简单的借书和还书，图书馆的发展最终是为了满足人们对信息和知识的需要，为社会进步和科技发展做出自己的贡献。所以，在满足这个宗旨的情况下，可以从服务和技术等方面来管理创新图书馆，从而加强图书馆和社会各个行业之间的联系，从而确保优势互补能够真正实现，这样能够很好地完善学科的知识以及信息方面的储备，从而给读者提供更加优质的服务。

（二）把握正确的创新原则

在高校图书馆的创新发展中，管理人员要积极结合图书馆的实际需求进行综合考虑，把握正确的创新原则，使图书馆创新管理模式的整体效果得到有效提升。首先，在图书馆管理模式的创新过程中，要把握好实效性原则，结合图书馆管理的具体需求选择可靠的创新手段，以此提高图书馆创新管理模式的整体效果。其次，在图书馆管理模式的创新过程中，要把握好针对性原则，结合图书馆的具体作用进行科学分析，确保图书馆的服务内容符合不同读者的实际需求，使图书馆创新管理模式的整体效果得到有效提高。最后，在进行图书馆管理模式的创新过程中，要把握好全面性原则，既要做好管理模式的创新，也要注重对图书管理的管理模式及管理制度进行有效结合，以此确保图书馆创新管理模式的整体效果。

（三）重视高校图书馆服务功能的增强

图书馆进行管理的时候需要将读者放在中心位置，在平时开展工作的时候也应该有意识地征求读者的意见，不断地对图书馆管理工作进行完善，创新检索技术和文献信息处理方面的技术，从而更好地满足图书馆网络化、自动化的实际需要，给读者用户提供更好的服务。

（四）提高管理人员本身的素养

图书馆管理人员的素质对于图书馆的影响是非常大的，所以，必须切实提高图书馆管理人员本身的综合素质。首先，应该扩大管理人员的业务范围，可以模仿网络信息服务的方式转变服务模式，给读者提供更加便捷的信息。其次，需要转变服务理念，重视图书馆服务质量和效率的提高，只有效率和质量提高了才能够给图书馆管理机制改革以及图书馆整体服务水平提高奠定良好的基础。

（五）管理方式的创新

在信息化时代背景下，在校学生对信息资料的需求逐渐趋向于多元化和个性化，整个图书馆管理过程要以读者为中心，尊重不同读者的个体及差异化特点，为读者提供多元化及个性化的信息服务，使图书馆管理水平得到有效提高。在进行图书馆管理工作的时候，管理人员应充分利用先进的信息技术及检索方法，推动图书馆的信息化建设，为读者提供更加便捷、有效的信息服务，使图书馆管理工作更具有实效性。首先，要积极做好对图书馆工作人员的技能培训和思想教育工作，不断强化图书馆工作人员的服务意识，确保图书馆工作人员能够准确把握读者的实际需求，为读者提供更具有特色及个性的信息服务。其次，要积极开拓个性化服务，使图书馆的信息服务更具有针对性，使图书馆的服务方式更加灵活多变，并在此基础上对读者的信息需求进行跟踪和分析，为其提供定向服务，使图书馆的管理效果得到有效提高。

（六）管理内容的创新

在传统的高校图书馆管理过程中，其服务内容具有一定的局限性，无法满足读者的个性需求，需要及时对图书馆的管理内容进行有效创新，使图书馆的功能效用得到充分发挥。首先，要及时对图书馆的线型业务流程进行优化，推动图书馆服务方式的自动化和网络化，使图书馆服务水平得到有效提高。同时，要积极丰富图书馆网络平台的主页内容，结合读者的实际需求构建个性化服务栏目，以便能够及时将图书资源传递给读者，并提供在线预约、定题服务及馆际互借等个性化服务。其次，应积极加强对图书资源的开发及利用，构建具有馆藏特色的数据库，对图书资源进行深层次的加工处理，使图书馆信息服务的质量得到有效提高。最后，应积极完善图书馆管理制度，尤其是图书的借阅方式、借阅时间及借阅期限等各方面，并做好对图书馆工作人员的业绩考核，充分发挥图书馆激励机制的作用，使图书馆工作人员形成较好的工作积极性及主动性，为图书馆管理工作的顺利开展提供有利基础。

（七）组织结构的创新

为确保高校图书馆管理工作的顺利进行，应及时对图书馆的组织结构进行创新，摒弃以往的被动式服务和金字塔管理模式，合理优化图书馆的组织层次，并针对组织结构中的繁杂环节进行简化，不断提高图书馆的决策效率，使其服务水平得到有效提升。同时，应结合图书馆的规模及需求，组建读者读物部、信息服务部等各种基础服务机构，取代以往"采分编典流"的分工阅览、期刊部及采编部等组织结构，使图书馆的组织结构逐渐趋向于扁平化，有效提高图书馆的工作效率。此外，应及时完善图书馆的服务体系，合理增加主题目录，充分利用计算机索引技术，完成藏书目录的编制工作，或是单独设置社会学科、专题学科及各类联合书目，便于形成完整的系统索引目录，使读者能够更加便捷地进行图书查阅，有效强化读者的阅读体验，为读者提供更好的信息服务。

随着社会经济的发展，高校图书馆想要跟上时代发展的潮流就必须做好管理创新，相关部门应该根据实际情况和需要认识到图书馆管理创新的重要性，帮助图书馆不断完善自我，提高自身的业务水平和管理水平。图书馆的管理人员也必须转变自身老旧的理念和管理模式，不断提高馆员本身的综合素质，提高人才队伍的素养，从而为图书馆更好地发展奠定良好的基础。

第二节　信息时代高校图书馆管理模式的创新

随着信息技术的快速发展，高校图书馆在硬件设置、人员配置、资源优化和馆藏提升等方面面临着新挑战。基于新挑战制定新的发展思路，做好管理模式的创新优化就显得尤为必要。从传统管理模式的局限中走出来，在明确信息时代高校图书馆转型新特点的基础上，进行管理思路、管理制度和管理模式的创新分析，才能为高校图书馆的优化提供参考。因此，基于信息时代高校图书馆管理模式的创新优化研究具有必要性。

一、信息时代高校图书馆的新特征

（一）文献激增，信息获取渠道更多

信息时代的到来，信息传播更为迅速，信息获取渠道更为多元，信息量激增。高校图书馆在信息技术的带动下，能够多渠道获取信息，图书馆馆藏资源更为丰富。在信息技术的辅助下，馆藏信息资源存储模式发生转变，大量的文献可以存储在很小的文献数据库中，图书馆基于信息技术建构起光盘数据管理系统，实现纸质文献资源向电子文献资源的转变，为读者提供了更为丰富与便捷的信息咨询与检索服务。而信息化读取、多渠道信息获取也加快了文献信息和科学知识的传播，读者在获取信息后还可以进行信息资源的检索与整合。对于高校图书馆来说，文献信息资源交流更便捷，信息资源馆藏更丰富，更吸引读者。

（二）载体多元，信息检索效率更高

传统的高校图书馆文献信息多以纸质文献期刊的形式存储，对应的信息载体较为单一。读者的信息检索也多受时间与空间的限制，信息管理效率低。而在信息时代，高校图书馆馆藏资源载体类型更为丰富，网盘、移动硬盘、网络数据库等都带动高校图书馆信息载体的多元化。高校师生借助网络信息技术可以轻松检索信息资源，获取文献资料，更容易复制、共享，也节约了资源，有效提高了高校图书馆的检索服务效率。

（三）传播共享，信息资源交流深入

信息时代方便了信息的传播与复制，使高校图书馆信息资源共享程度显著提升。以往高校图书馆纸质文献数量有限，当高校师生要检索相同的文献资料时，存在很大的局限性，不能满足多人同时检索文献资料。信息时代使高校图书馆纸质文献向电子文献转变，电子文献可以轻松复制、多人共享，因此可以满足信息资源多人使用的诉求。而图书馆借助信息共享的桥梁，能够进行信息资源的传播共享，实现优势资源在区域间流动，建立图书馆数据交流联盟，为读者提供更全面的信息服务，从而使高校图书馆信息资源共享程度明显提升。

二、信息时代高校图书馆管理模式创新策略

（一）基于信息时代背景创新图书馆管理理念

传统的图书馆管理将保存与丰富馆藏资源放在首位，而读者则被放于次要位置，从而使读者的多元化诉求得不到全面关注，从而不利于发挥图书价值。在信息时代，高校图书馆管理应坚持以人为本，全面关注读者诉求，不断创新管理理念，将为读者服务作为图书馆建设发展的重点，坚持读者至上的原则，做好高校图书馆的精细化管理。安静的阅读环境，优质的服务体验，贴心的人文关怀，能够让读者喜欢阅读，认可高校图书馆的服务工作。因此，高校图书馆应创新图书馆管理思路，关注图书馆的多元化建设，实现功能的延伸与扩展。通过定期的交流互动，探讨高校图书馆运行的经验，定期召开读者交流会，倾听读者的意见，作为图书馆管理改革的主要参考，进行管理上的调整优化。管理者只有接受创新才能真正将创新应用到实际管理工作中，所以管理者要加强学习新观念，摒弃陈旧的图书管理理念，让图书管理与教学结合起来，提高学生的自主学习能力，不断优化高校图书馆管理。

（二）基于信息时代背景坚持信息一体化管理模式

在信息时代，信息技术广泛应用于各行各业，带动高校图书馆信息管理一体化。高校图书馆在建设发展中也面临更高要求，机遇与挑战并存，且信息一体化的管理模式是信息时代高校图书馆管理模式创新的一大体现。无论是文献组织结构的变革还是图书馆管理制度的优化，都需要结合信息时代图书馆文献管理的新需求。在信息时代，信息更新迅速，传播迅速，读者信息检索便捷化的需求更为迫切。坚持信息一体化就是将信息技术的新特点融入图书馆的管理工作中，高校图书馆工作人员应具备文献信息创新意识，掌握信息检索服务的相关技能，熟悉图书馆文献资源的筛选、整合与汇总，能为读者提供具有针对性的信息服务。信息一体化管理模式必须与有效的激励举措相结合，对高校图书馆管理者进行相应的约束。高校图书馆管理者应坚持文献体系、人力资源体系和科学技术体系一体

化管理，促进信息知识素养与信息能力素质融合，使服务更自觉，带动图书馆文献信息的传播与更新。此外，高校图书馆应坚持信息一体化的管理模式，实现文献信息、知识及智力资源的科学统筹，使文献知识更新与服务更契合信息时代的环境。

（三）基于信息时代背景引入自动化的管理模式

信息时代使管理模式趋于自动化，而借助计算机技术可以实现高校图书馆自动化管理体系的建构，自动管理各项事务，顺利完成各项管理任务，为高校师生提供更加自动和智能化的图书馆服务。自动化管理实现了读者的自助检索，实现了电子化文献数据管理，检索效率更高。自动化管理模式可以根据馆藏文献进行电子化处理，让读者及时获取所需的信息，同时还能兼顾不同读者的服务需求，满足不同层次读者的期刊检索需求。因此，在信息时代的大背景下，高校图书馆管理者必须发挥计算机的自动化管理优势，实现期刊文献的自动化高效管理，迅速锁定期刊资料的馆藏位置，迅速定位读者诉求，提供针对性的服务，从而不断提升高校图书馆管理服务的效率。

（四）基于信息时代背景引入共建共享的管理模式

信息时代倡导资源的共建共享，图书馆建设发展离不开馆藏资源的建设，因此在信息时代，高校图书馆必须走共建共享之路。就高校图书馆来说，共享化的管理模式最直接的体现就是构建共享期刊阅览室。在期刊管理中，高校图书馆有必要引入先进的管理方法和网络技术，搭建网络共享服务平台，建构共享期刊阅览室的大框架。共享化的管理模式能够有效提高高校图书馆的信息化建设程度，在具体的管理服务中，发挥信息技术的管理优势，能够供高校师生随时随地获取。不同高校的图书馆可以以共享化的管理模式为桥梁，进行馆藏资源共享，传播不同高校图书馆的特色馆藏资源，为高校师生提供丰富的期刊文献指导。高校图书馆共享化的管理模式也能带动资源共享，不断扩大检索范围，使高校师生享有更多的选择权。高校师生可以将自身的文献信息共享出来，对有学术价值的信息进行传播与共建。同时，高校图书馆要坚持共享化的管理模式，不断提升其管理兼容性与先进性水平，带动高校图书馆管理的优化。此外，高校图书管理者应当不断增加图书的数量和提高图书的质量，让高校师生读到更多的好书，改变高校师生对图书馆的固有看法，最终实现图书管理的现代化和科学化。

（五）基于信息时代背景创新图书馆服务模式

高校图书馆的服务对象是高校师生，主要为高校师生提供科研教学支持，而管理模式的创新理应带动服务模式的创新。提高图书馆科学技术水平是现代图书管理发展的必由之路，也是图书管理发展的重点方向，尤其是对云计算技术的应用和图书云平台的开发，更是现代图书管理需要解决的问题。在信息时代，高校图书馆必须突破传统管理模式的局限，提升服务的有效性。高校教师在文献检索及阅读中，常常需要筛选资料，进行科学、严谨的探讨，深入挖掘学术信息资源，做好教学科研资料的提前准备，最终才能进行课题的深入探讨与钻研，更好地解决学术疑难问题。而高校学生自主性学习也需要文献信息资源的辅助，因此高校图书馆在信息时代必须做好针对性的研究，发挥信息技术的优势，多渠道向高校师生推介文献检索知识和相关的检索方法，开设文献检索课程和培训，引导师生掌握文献检索系统的使用方法，实现被动服务向主动服务转变。例如，借助微信、微博等进行的文献推送，针对不同读者的诉求进行分模块导读等，实现管理模式的优化带动服务的优化。

在信息时代，高校图书馆管理模式的创新具有必要性。图书馆文献信息量激增，信息来源渠道多元化、信息载体多样化和信息共享程度不断提升，在客观上推动了高校图书馆管理模式的创新。创新管理理念，通过引入信息—体化管理模式和实施共享管理模式，能够不断优化高校图书馆服务，实现高校图书馆管理创新的新突破。

第三节　"互联网+"背景下高校图书馆管理创新

随着信息技术的全面深入发展，各种新媒体阅读方式层出不穷，如数字图书馆、微博、微信、电子图书、手机 WAP 图书馆等，高校图书馆在管理创新的过程中，应该紧跟时代潮流，不断提升自身的服务水平，结合大学生阅读习惯的发展和演变，不断实现图书馆管理服务模式的创新。在"互联网＋"时代背景下，大学生与网络之间的交互关系越发紧密。高校图书馆应该全面优化信息技术条件，不断更新软硬件，有效提升馆员的信息素养，全面推动高校图书馆的管理创新。

一、"互联网＋"时代高校图书馆管理创新的必要性

在"互联网＋"时代，高校图书馆管理创新具有非常关键的意义，全面推动管理创新，不仅能够提升高校图书馆的管理水平，同时也能够有效优化图书馆的管理效益，更好地推动高校图书馆的全面科学发展。

（一）信息时代发展的必然需求

在"互联网＋"时代下，高校图书馆管理创新是大势所趋，是形势使然。外在社会环境的不断变化导致当前高校图书馆管理形式必须创新，在"互联网＋"背景下，高校图书馆传统的管理模式凸显着非常严重的弊端，这在很大程度上制约着图书馆的服务水平，也影响着图书馆人力资源的科学配置。基于此，在"互联网＋"时代背景下，高校图书馆应该把握网络环境与知识经济高速发展的重要时期，积极推动高校图书馆管理朝着信息化、数字化、网络化等方向发展，积极采用现代化的管理模式，综合性提升高校图书馆管理的实效，进一步增强高校图书馆的服务力和竞争力。

（二）图书馆自身发展使然

在"互联网＋"时代背景下，高校图书馆积极推动管理创新，是自身的发展使然。高校图书馆是一个综合性的系统，承担着书籍检验、借阅等基本功能，同时也承担着信息服务的角色。我国高校图书馆的发展历史比较短，在快速发展的过程中，借鉴了很多国外的管理经验和模式，这虽然能够在一定程度上提升高校图书馆的管理水平，但也制约着高校图书馆的整体发展能力。基于此，在"互联网＋"时代背景下，高校图书馆积极变革管理方式，积极利用信息技术手段，真正做好"内因"，以便推动高校图书馆的资源共享与网络建设。特别是在信息技

术快速发展的今天，高校图书馆进行网络化建设，还能够深化高校图书馆之间的合作与交流，有效弥补高校图书馆的资源不足和缺陷，实现优势互补。

（三）满足新时期读者的需求

在"互联网+"时代下，读者与网络之间的关联性越发紧密，读者通过网络来获取信息，通过网络来获得丰富的资源，读者的阅读习惯和方式已经悄然转变。在这一时代背景下，高校图书馆应该紧密结合读者需求进行服务方式的转变，改变过去被动等待的局面，积极提供主动性的服务。高校学生群体的范围是非常广泛的，他们在阅读过程中存在着个性化的需求。在互联网络、移动网络快速发展的过程中，学生读者完全可以通过线上搜索文献来获得想要的资源。为有效维系读者群体，优化图书馆的服务水平，高校图书馆应该提升信息水平，积极转变服务方式。

二、"互联网+"时代高校图书馆管理创新的优势

在"互联网+"时代高校图书馆应该积极利用信息技术手段，全面实现管理创新。实践证明，高校图书馆管理创新具有非常明显的优势。

（一）管理过程高效快捷

传统的高校图书馆管理采用人工管理的方式，这种管理方式需要耗费大量的人力物力，也影响着管理的实效。在"互联网+"时代，高校图书馆积极利用信息技术手段，全面实现管理创新，能够有效优化管理效率，全面提升管理水平。高校图书馆在管理实践中，积极利用移动互联、大数据、云计算、物联网等信息技术，将传统的管理模式的每一个环节都进行有效优化，运用科学的管理手段，实现管理信息的透明化，快速共享管理信息，全面优化管理手段，综合性提升管理效率。在信息技术的支撑下，无论是高校图书馆内部管理，还是读者管理，都可以通过网络来实现。例如在读者管理中，高校图书馆利用移动互联网技术，生成读者个性化的二维码信息。当读者进入馆内时，图书馆对二维码进行识别，便可以获得精确性的读者证件信息。再如高校图书馆利用移动互联技术，让读者通过手机、平板电脑等移动互联网终端设备，就可以查询获取图书馆提供的公共

资源。

（二）管理形式更加多样化

在"互联网+"时代背景下，高校图书馆在进行管理创新的过程中，通过积极创新管理形式，能够全面提升管理水平。利用信息技术手段，高校图书馆通过建构统一的信息平台来集中处理图书馆各个部门的独立信息，以便达到资源共享、信息公开的目标。例如高校图书馆的检索系统、监控系统、准入系统、人力资源管理系统等都可以纳入统一化的信息处理平台上，帮助馆员或者管理人员及时获得馆内详细信息。但这些部门又是独立自主的，在管理过程中，其管理形式也是参差不齐的。但通过统一的平台，能够将这些复杂多元的信息整合起来，以便提升管理水平。

（三）服务推广更具个性化

在高校图书馆管理创新中，管理是服务的基础，管理创新的目的就在于优化高校图书馆的服务水平。传统高校图书馆在提供服务的过程中，具有较大的主观性，即高校图书馆按照既定的计划或者馆内实际来提供服务，读者被动接受图书馆的服务。在"互联网+"时代，高校图书馆在提供服务的过程中，可以随时掌握读者的需求，以便为读者提供个性化的服务。依托于信息技术，高校图书馆可以全面收集用户信息，同时实现用户信息的分类，特别是利用云计算技术对大量信息进行处理，对读者的借阅习惯、爱好、信息需求甚至社交方式等进行数据分析，为读者提供智慧服务。

三、"互联网+"时代高校图书馆管理创新的对策

在"互联网+"时代，高校图书馆应该积极迎合时代发展潮流，积极利用信息技术手段，有效提升高校图书馆的管理水平，综合性提升高校图书馆的服务水平。

（一）实现文献资源的管理创新

文献资源是高校图书馆的核心，是高校图书馆服务的根基。在"互联网+"时代，高校图书馆进行管理创新，应该实现文献资源的管理创新。传统的文献管

理是人工管理，通过人力资源来实现文献资源的分类与管理，这在很大程度上影响着文献资源管理的水平，也影响着文献资源的利用价值。因此，在高校图书馆管理实践中，应该积极推动文献管理创新。一方面，高校图书馆应该积极推动文献资源的数字化和信息化，充分重视馆藏资源的丰富和建设，全面重视网络资源的开拓，积极将纸质文献资料数字化。同时，加强网络安全建设，保障重要文献资料，尤其是馆藏文献资料的安全。另一方面，高校图书馆在文献资源的管理实践中，还应该重视专业数据库的建设，实现数据资料的科学分类与全面统筹，有效提升数据资料的利用价值。此外，高校还应该拓展信息数据库的渠道，便于读者快捷高效利用数据资源。

（二）实现读者服务的创新和发展

高校图书馆管理创新的目的是为了优化服务水平，在"互联网+"时代背景下，学生读者的阅读方式发生了较大的转变。高校图书馆应该积极结合读者需求，全面实现读者服务的创新，这本身属于管理创新的关键因子。一方面，高校应该结合读者需求，主动变革服务方式，实现主动服务，为学生读者提供多元化的服务渠道；另一方面，高校图书馆应该创新服务方式，不断利用信息技术全面拓展服务模式，实现现场服务、网络服务、移动服务等多元一体化。此外，高校图书馆还应该构建网络图书馆，并积极扩展网络资源，实现高校间的资源共享，为学生读者提供充分而全面的信息服务。

（三）积极推动管理机制的创新

在"互联网+"时代背景下，高校图书馆在管理创新的过程中，应该积极推动管理机制的创新，全面提升管理实效。一方面，高校图书馆应该积极优化业务流程，利用信息技术手段，实现各部门之间的信息公开及快速化的信息处理机制；另一方面，高校图书馆在管理创新的过程中，还应该创新学习机制，全面提升馆员及管理人员的专业素养和岗位素养，不断优化服务意识，综合性提升高校图书馆的管理水平。此外，高校图书馆还应该构建完善的激励机制。在人员管理的过程中，高校图书馆应该构建公平公开、透明合理的晋升机制，有效激发员工的工作积极性。同时，还应该实施绩效考核机制，将员工的能力、学历、贡献、创新等结合起来进行考核。

在"互联网＋"时代下，高校图书馆应该积极推动管理创新。科学的管理不仅能够提升高校图书馆的管理水平，同时也能够有效优化图书馆的服务水平。高校图书馆应该紧密迎合时代需求，全面利用信息技术手段，综合性提升高校图书馆管理水平。

第四节　新型人才培养模式下的高校图书馆管理创新

一、新型人才培养模式下的高校图书馆建设

高等院校作为培养高素质创新型人才的主要阵地，在当前人才培养模式的要求下，高校的图书馆建设就必须转变传统的建设观念，转变收集整理图书、提供资料的服务模式，积极拓展自己的服务功能，利用有效的途径进行管理的创新，只有这样才能够使得高校图书馆的管理工作更上一层楼，图书馆的发展才能够更加充满生机。在当前的高校图书馆建设中，高校的图书资源逐渐向信息化和网络化转变，但是服务范围仍然以图书馆为主，对外拓展延伸方面仍然存在不足。在目前的图书馆建设中，就需要高校的图书馆建设和人才培养相结合，使得图书馆能够成为学生的第二课堂，满足当前人才培养的需要。

二、影响高校图书馆建设的几点问题

（一）馆藏资源的质量

图书馆馆藏图书的质量往往决定着能否吸引读者的兴趣。图书馆应当选择能够吸引读者兴趣的图书，从而提高图书的利用率，营造阅读氛围。由于许多高校图书馆建设时选购的图书大都与专业相关，因此对于学生的吸引力较小，往往是需要查文献或者考试写论文时才会利用到图书馆馆藏资源。同时，部分高校的图书更新周期较长，内容陈旧，不能吸引学生的兴趣。

（二）图书的推广方式

图书推广活动有利于使读者能够更加了解图书，熟悉图书信息，从而能够在

图书的海洋中找到自己感兴趣的图书。图书推广的方式有图书推介会、优秀图书展览等活动形式，但是由于受客观原因的限制，这些活动在高校中往往不能够达到良好的效果。

图书推广需要各方面的合作与支持，但是由于经费和资源的限制，使得活动开展往往达不到预期效果。另外，图书阅读推广是一项长期系统性的工作，由于高校在开展工作时往往会把它作为一项工作任务，导致工作缺乏长期规划，没有持久性。同时，读者的兴趣爱好不同，喜爱的图书也会不同，图书馆在选购图书时应当如何进行采购，如何开展图书阅读推广活动也成了一个难题。

（三）其他因素

由于高校图书馆属于学校的一个服务机构，工作的开展会受到自身和外部因素的双重影响和制约。同时，由于网络技术的发展，许多读者选择在网络上阅读，在移动端学习，造成许多师生很少进入图书馆。而学生进入图书馆也大都是为了准备考试去复习功课，在图书馆学习的时间较多，而阅读的时间较少。

三、新型人才培养模式下的高校图书馆建设基本要求

（一）满足学生的阅读需求

从高校建设的根本目的和图书馆设立的目的来看，是为了培养专业型人才，使学生能够在高校经过培训和学习，掌握知识与技能，树立正确的价值观和人生观，为快速融入社会打下良好的基础。因此，高校阅读服务必须进行工作方法的创新，提高阅读服务水平。

（二）满足教师的科研需求

图书馆除了能够为学生提供良好的馆藏资源，使学生能够高效率地学习，同时为教师开展科研活动提供便利，使教师能够寻找到相关的图书资源来进行学术研究。在教学上也能够给教师以帮助，提高教师的工作效率。

四、新型人才培养模式下的高校图书馆建设策略

（一）高校图书馆应当是思想文化教育的主要阵地

保存人类的文化遗产以及开展基本的社会教育、传递科技信息是图书馆的基本功能。为了有效提升高校学生的文化素养，陶冶学生的情操，高校图书馆更应重视思想文化建设，把图书馆作为思想建设的主阵地。高校图书馆可以为学生提供一些期刊来丰富学生的日常生活，起到文化教育的作用，同时还能够达到寓教于乐的目的，通过计算机辅助软件以及相关的读物，提升读者的文化修养。

（二）网络化的图书阅读服务创新

随着信息技术的发展，在网络化的大背景下，需要不断创新阅读服务工作，吸引更多读者走进图书馆去阅读书籍，提高图书的利用率。

1. 增加图书阅读信息

图书管理工作者应当利用网络化的技术支持，将图书进行分类，并且在系统中录入相关的图书信息，例如作者、出版时间、内容简介等等，从而方便学生进行图书的查找。除此之外，图书馆还应当购买数字图书资源，增加外文文献和资料的采购，把纸质文本转化为电子文本，从而使学生能够更加方便地进行阅读与查询。并且图书馆应当根据图书种类的不同对图书进行分类摆放，设置专门的区域来摆放某一类图书，利用计算机网络建立图书借阅数据库，使得图书管理更加清楚明了，也方便读者进行阅读借阅查询。

2. 利用网络平台加强图书推广宣传

图书馆在建立起图书资源管理库之后，还应当建立相应的推广平台，将大量的图书信息通过信息平台宣传推广，使师生能够了解到图书信息。同时，可以创建微信公众号，通过调查问卷的形式将不同的读者进行分组，推送不同的图书信息，使他们能够接收到感兴趣的信息。

3. 开通移动阅读服务

高校图书馆可以利用互联网资源，给学生和教师提供移动阅读服务。由于现在几乎每个人都有智能手机，在生活中手机几乎不离身，所以沉浸在手机中的时

间很多，阅读也通常会选择电子书籍。因此，图书馆应当顺应时代的潮流，利用好互联网，将图书馆的图书资源数字化，通过移动阅读的形式提供给学生教师，使学生和教师能够随时随地阅读学习。

（三）以人为本的服务理念

更新理念，重视用户需求。随着图书馆服务模式的转变，传统的图书文献中心逐渐转变为当今的读者服务中心。所谓以人为本，就是高校的图书馆建设，要能够以满足读者的需要来开展工作，以读者的满意度来衡量图书馆工作的好坏。这就要求当前的高校图书馆管理工作者能够充分地重视服务，能够认识到高校图书馆发展的关键在于服务。工作人员要加强和高校学生的沟通，加强与读者的联系，尤其是一些一线的工作人员，要能够和读者面对面地接触，通过自己的真诚服务和读者建立起良好的沟通。除此之外，当前的高校图书馆还需要转变传统等客上门的被动服务，要能够走出去，把自己的馆藏资源向外推出，主动地开展市场调研，走向社会。在当前的人才培养计划中，对学生进行个性化的教育就需要图书馆发挥重要的作用。新时期以来，图书馆作为学校的重要教学机构，需要充分发挥信息服务的作用，为大学生进行创新提供保障，配合高校对大学生开展个性化的教育工作，为学生们的全方面发展打下良好的基础，为学生的个性化发展提供服务。

（四）为学生创建舒适的学习环境

21世纪，终身教育逐渐成为人们普遍接受的一种教育形式。当前高校教育就需要以学生为中心，使学生能够养成终身学习的良好习惯，促进学校健康开放学习环境的形成。因此高校图书馆就必须以学生作为工作的中心，给他们的学习创造良好的环境。高校图书馆可以和其他图书馆进行联合，不断地进行合作，拓展图书馆的服务业务。高校图书馆之前的服务形式已经不能适应社会的变化，也不能满足众多读者的需求。因此，应积极开发一些适应读者需求的服务方法，来满足读者的需求。运用智能化的管理技术来增强图书馆阅读服务的精确性，提高服务质量，最终可以实现高校图书馆的长期发展，同时满足学生的学习需要。现今实行的一些新型数字资源查阅服务、网上订阅服务等都可以让读者体验到阅读的便利，而且还可以根据不同学生进行有针对性的服务，让学生通过网络的形式来进行相关信息的查阅，以达到学习知识、增加阅读量的目的。利用现代的社交网络与社交媒体来了解读者的阅读习惯，制定更适合读者的体验式服务，让图书馆能够受到广大读者的欢迎。

第五节　新时代高校图书馆服务管理创新

高等学校图书馆是学校的文献信息资源中心，是为人才培养和科学研究服务的学术性机构，是学校信息化建设的重要组成部分，是校园文化和社会文化建设的重要基地。在现代信息技术快速发展以及各种移动终端盛行的当下，读者的阅读方式和阅读习惯都发生了很大的变化，给高校图书馆造成了很大的冲击。因此，高校图书馆必须不断提高读者的进馆率，才能更好地为培养人才和科研服务。

一、高校图书馆服务的重要职能

高校图书馆是教育和科研的重要部门，其主要任务就是收集、整理和收藏各种图书资料参与师生的教育科研。

（一）高校图书馆是重要的学习型组织

高等教育是有组织、有目的、有计划地对受教育者施加影响的过程。图书馆是人类文化财富传承的宝库，是人类获得知识、信息和正能量的重要场地。图书馆是大学生增加阅读知识量、锻炼演讲能力和写作素质的地方，也是教师们获得教学资料、实践指导书籍和科研参考文献的地方。图书馆的财富资源主要是数十万本纸质图书、数百种期刊和数千台的联网电脑。阅读图书馆的书籍、杂志，浏览图书馆的网站，可以提高师生的学习素质和工作能力。图书馆可以推进社会进步，可以促进人类的发展。

（二）高校图书馆是素质教育的重要场所

高校图书馆是向师生免费开放，收集文献和提供借阅及相关服务，开展教育和科研的公共文化设施。通过积极保障阅读，促进师生文化素质的培养。图书馆具有知识性，是高校教育的主阵地，可以培养读者科学的价值观和有效的学习力。

大学教师和大学生需要学习知识、培养能力和进行适当的科学研究，这都需要大量的阅读作为基础，同时高效率的知识和信息传递，也需要通过大量的阅读来实现。现代化的图书馆可以激发学习潜力，提高学习效率，为教师和大学生的素质教育提供素材和推动力。

（三）高校图书馆是公益事业的媒介和资源

高校图书馆的文献信息，为高校师生撰写科研论文、毕业论文、实习报告和编写书籍提供帮助和素材。科研活动是建立在大量的阅读和信息基础之上，图书馆应积极增加资料文献总量、提高服务质量、增加服务时间，提高效率和效益。在现代化的进程中，图书馆网络学术资源建设也越来越重要，其承担着传承文化、科教兴国和人才强国的重任。革命导师马克思当年酷爱读书，在英国图书馆里读书很多年，终于写出了人间巨著《资本论》，改变了人类的发展进程。

二、高校图书馆的服务创新

高校图书馆是以馆藏图书期刊借阅、电子图书和电子数据库导航、多媒体资源下载等方式为高校师生提供教学科研服务的单位，具有公益事业教育的性质。在信息技术网络化的今天，作为资源集散地与传播地的图书馆，电子文献数据已成为高校图书馆科技信息资源的主要存储形式，图书馆正处于从传统纸质图书资料借阅向数字化资源导航转变阶段，图书馆用户处于向在线阅读的转变之中，馆藏形式也在悄然转变。

（一）图书馆服务内容的拓展

服务是图书馆经久不变的话题，高校图书馆应在借阅服务、阅读推广、数字资源服务、空间资源服务等方面与时俱进，开拓创新。一是主动了解师生对图书馆书刊、电子资源的需求意向，及时了解教师课题研究的情况；二是熟悉包括书刊、相关学科的电子资源及检索方法，掌握如何通过检索获得文献，为师生有效利用资源提供支持和指导；三是定期或不定期地宣传新增的文献信息资源和服务措施，协助编写、修改各类宣传材料以及读者参考资料，收取教参书单等；四是为校内外科研人员提供科技查新及项目咨询、论文收录及引用检索、核心期刊及影响因子查询等服务，提高各种文献资源服务质量。

（二）图书馆服务形式的拓展

在文献收集方面，馆员需要了解本馆的馆藏情况，知道哪些文献应补缺；在文献整理方面，主要是主题标引、文献分类和目录组织，利于文献排架、馆藏统计、新书宣传和文献检索；在文献典藏方面，主要工作是指图书排列、书库划分、馆藏清点和文献保护；在服务方面，主要是指办借书证、文献流通、馆藏报道和读者教育。图书资料要及时在图书馆网页、学院网站和 QQ 群里（学院行政办公群、教学科研群和图书馆工作群）进行宣传和推广并及时更新图书馆主页内容，加强管理系统的维护和运行。图书馆还应广泛开拓服务资源，深入了解师生的阅读和信息需求，积极做好文献资源建设工作，把入馆新书都及时上架和流通，并根据教学和专业建设情况，改革学习报刊的订购种类和数量，加强电子资源建设。

（三）转变图书馆员的服务观念

新时代图书馆的职能由文献信息服务逐渐向数字知识服务转变，这就要求图书馆员的服务意识也要随之变化。图书馆员要转变观念，紧跟图书馆事业发展步伐，提高服务意识。图书馆要加大思想政治教育，提高馆员思想觉悟；要帮助馆员牢固树立以读者为本的服务理念，创新工作思路；要定期组织开展业务培训并鼓励馆员进行继续教育学习；要制定文明服务守则，从语言、仪表、态度等方面塑造图书馆员的良好形象；要协助馆员掌握现代化技术，将科学技术广泛应用于图书馆的各项工作中。图书馆应该围绕学院各学科的专业特点，加强与教学系部的联系，及时了解他们的需求，开展多样化的文献推荐活动和阅读推广活动。图书馆也可以加强与班级的联系，可以在每个班级设立一名图书馆的联络员，及时让读者了解图书馆发展和建设的新动向，收集学生对图书馆的意见和建议，了解学生的需求。在对读者需求充分了解的基础上，图书馆就可以通过不断改进服务的方式方法以及活动的形式和内容而有针对性地开展个性化服务。

三、以用户服务为导向的高校图书馆管理模式的创新

（一）树立先进理念，进行组织管理

1. 优化管理模式，改进业务流程

传统的管理观念和模式严重阻碍了当前图书馆的发展，仅仅以自身的资源来进行业务流程的设计是不科学的，不仅无法满足用户日益增加的新需求，更无法站在不同用户的角度来考虑需要提供的服务。此外，还需要对业务流程进行全新的改造，根据用户需求对其进行压缩或者重组，如可以用读者服务部来代替传统的阅览、流通和编辑部门，从而实现一体化的服务流程。对馆内工作人员的职责需要进行重新划分，如可以利用学科馆员的专业知识来提高服务效率和服务质量，对有需要的用户进行一对一的服务，从而推动图书馆更好地发展。清华大学将原来馆内的 8 个部门整合为 1 个部门，更新了业务流程，使服务的效率和质量都得到很大的提升。

2. 优化组织结构，实行团队管理

网络时代的到来极大地推动了图书馆职能的改变，传统的收藏职能已经被文献使用职能所取代，同时提出了用户需求至上的管理理念。很显然，类似于金字塔的传统模式已经无法满足目前的发展，就需要采用扁平化的新模式——矩阵组织形式。这种全新的模式首次在佛山大学应用，并且好评如潮。清华大学等很多高校也都纷纷效仿，极大地改善了高校图书馆在管理上的不足。这种扁平化的组织结构形式主要有两种：一是三部一室；二是四部一室。

（二）兼顾人力和文献，优化资源管理

1. 以人为本，改善人力资源管理

人本思想作为管理理念的核心内容是需要重点关注的，同时还需要对人力资源进行适当的规划以及对工作人员的专业知识进行丰富和优化。通过创新相应的激励机制来提高员工的积极性，从而提高馆内工作人员的服务效率和质量，推动图书馆的可持续发展。

2. 以用为主，完善文献资源管理

高校图书馆的服务对象主要是学生和教师，两者在需求上是有很大不同的，因此需要针对各自需求在资源管理上进行调整。对于学生来说，纸质的书籍是主要需求，学生不仅需要阅读相关专业方面的书籍积累专业知识，还需要通过阅读其他书籍拓展思维，因此图书馆要保证纸质书籍的保有量；对于教师来说，用于教学和科研的文献形式要求多样化。总之，实现文献的共享共用才能够最大限度地满足不同群体的需求。

（三）紧跟时代发展，进行技术管理

1. 引进先进技术，扩展资源

先进技术在教学上的应用极大地改变了教学方式，并引发了变革。近年来，打破传统的新型教学模式进入大众的视野，也得到了极大的认可，主要有翻转课堂等多种方式。这样极具个性的方式需要相关技术的支持，也需要一定的空间和相关设备。高校如果想实现这种个性化的教学方式，就需要得到图书馆的资源和空间支持。图书馆应当积极地完成个性化教学平台的建立和完善，在资源和服务设施等方面做好规划，帮助高校能够更好地面对因教育环境改变而带来的挑战，更好地改善自身在帮助教育教学方面的不足，从而助力高校完成教学及科研工作。

2. 发展技术平台，辅助服务

首先，Web 2.0 技术的应用能够有效丰富馆内的服务方式和服务内容，如 Blog、Tag、Rss、SNS 以及 Wik 等，将会在书籍导读、学科导航等方面发挥较大的优势。其次，RFID 的引入会为自助服务系统的建立和完善起到很大的作用。这项技术的引入不仅见证了自助服务的诞生，而且就应用范围而言也是相当广泛的。最后，移动图书馆的建立将有助于多功能服务的实现。在日新月异的信息时代，图书馆用户的需求信息也是在不断变化的，而且会随着外界、行为等因素不断变化，通过互联网这个媒介将变化后的信息传递给收集机制，这样就实现了移动图书馆的价值，不仅能够弥补传统图书馆在这方面的不足，更能够满足更多用户的新需求。移动图书馆目前能够提供多种类型的服务，如通知功能、搜索功能、查询功能等，在功能的开发上也在不断创新。因此，对于高校图书馆而言，更应该积极推广移动图书馆，依靠移动图书馆的自身优势，满足用户的需求，提高用户的满意度。

（四）基础与拓展并用，打造空间管理

除了对管理方式进行适当的改变，还要对空间布局进行重新规划，使得结构特点能够符合功能要求。例如，可以通过减少书籍的收藏空间来增加用户的活动空间，适当增加自习室、研讨室等。很多高校已经依据共享的理念对图书馆的空间进行了重新设计，从而能够提供新的服务功能。总之，图书馆空间的重新设计一定要以用户的需求为核心。

（五）突出重点、追求多元，优化服务管理

高校图书馆的服务对象主要是校内人士，包括学生、教职工以及从事科研的人员。这些人的需求应当是开展服务工作的核心，但仍需要考虑不同群体的需求之间存在的不同，如使用目的和方式的不同，针对不同需求来提供更加符合要求的服务。具体可分为两方面：一方面扩展参与群体的范围，以创新的思维方式来调整服务；另一方面要针对人群的特殊要求对服务方式进行相关调整，使服务多样化。

综上，笔者主要从资源、组织、技术、服务和空间管理5个方面对高校图书馆的服务管理模式进行创新。一是应当确立现代的管理理念，摒弃原有传统的管理模式，用新理念、新思路重新规划管理模式及组织形式，以用户的需求为依据来进行流程和结构的优化，从而建立符合本校图书馆发展的管理模式。二是优化资源管理，不仅要遵循以人为本的核心思想，还要不断完善对人力资源和文献资源的管理。三是与时俱进，充分利用先进的技术，实现更为科学的管理，打造能够提供智能服务的现代图书馆。四是对空间进行重新划分，增加共享空间，满足不同人对于空间的需求。五是发展多元化的服务。创新服务是吸引用户的重要因素，要根据不同的人群需求来提供相应的服务，从而全面提升服务质量。

参考文献

[1] 刘宇，虞鑫，许弘智等 . "双创" 背景下创新教育的实践、效果与机制研究 [J]. 现代教育技术，2015.25(11)：106-112.

[2] 陈从军，姚健 . 双创背景下高校辅导员工作的思考与探索 [J]. 科技创业月刊，2016.29(13)：64-65.

[3] 刘国余 . 会计双语课程柔性教学模式探析 [J]. 商业会计，2016(24)：119-121.

[4] 杨思林，王大伟，唐丽琼等 . "双创" 背景下高校课程考试改革的思考 [J]. 教育教学论坛，2016(46)：77-78.

[5] 许彩霞 . 创新创业背景下应用型高校人力资源管理专业实践教学体系改革研究 [J]. 鸡西大学学报，2016.16(4)：23-26.

[6] 马一铭 . 大学生自主创业的困境与对策分析 [D]. 西安理工大学，2015.

[7] 黄杰 . "许昌模式" 背景下大学生创新创业教育模式探索 [J]. 决策探索，2016(18)：38-39.

[8] 孙海英 . "双创" 背景下文科大学生创业现状、机遇及对策分析 [J]. 成都航空职业技术学院学报，2016.32(4)：15-18，22.

[9] 张格，高尚荣 . 以高职生学习动力机制为导向的高职教育教学改革 [J]. 江苏科技信息，2016，(34)：37-39.

[10] 吴颖珊 . 高校教育教学改革的动力机制探讨 [J]. 重庆科技学院学报 (社会科学版)，2012，(01)：165-167.

[11] 曹月盈 . 高校计算机基础教育创新教学模式探究——评《高校计算机教育教学创新研究》[J]. 教育评论，2017(5)：166.

[12] 荆媛，唐文鹏．新时代下高校思想政治教育教学方法创新研究——以主旋律歌曲为视角 [J]. 中北大学学报（社会科学版），2017，33（1）：65-68.

[13] 周湘林．以学生学习为核心的高校教师教学评价方法创新研究 [J]. 现代大学教育，2017（1）：93-97.

[14] 华宝元．教育管理学四大范畴视角下高校体育教学管理创新研究 [J]. 广州体育学院学报，2017，37（1）：107-109.

[15] 李小兵．互联网媒体视角下高校体育教学创新研究 [J]. 赤子（下旬），2017（1）.

[16] 吴小川．高校音乐教育教学模式的创新研究 [J]. 魅力中国，2017（1）.

[17] 王天恒．从毕业生质量追踪探究高等学校本科教学改革 [D]. 西南交通大学，2007.

[18] 王淼．我国高校教育改革模式研究 [J]. 教育现代化，2016，3(27)：284-285+288.

[19] 苗峰．高校课堂教学管理现状及对策研究 [J]. 兰州教育学院学报，2015.

[20] 李友良，何勇．高校教学管理信息化的现状及对策 [J]. 教育与职业，2015.

[21] 柳亮．高校教学管理人员继续教育现状及对策 [J]. 继续教育研究，2014.

[22] 王廷璇．浅析高校教学管理现状及改革对策 [J]. 新西部旬刊，2011.